KB149546

사이토 다카시의

진정한
학력

사이토 다카시의 진정한 학력
지금 우리 아이들이 길러야 할 힘

초판 1쇄 발행 2018년 1월 30일
초판 2쇄 발행 2018년 7월 31일

지은이 사이토 다카시
옮긴이 김나랑
펴낸이 김외숙
펴낸곳 (사)한국방송통신대학교출판문화원
03088 서울시 종로구 이화장길 54
전화 1644-1232
팩스 02-741-4570
홈페이지 http://press.knou.ac.kr
출판등록 1982년 6월 7일 제1-491호

출판위원장 장종수
편집 박혜원·안봉선
디자인 김민정

ISBN 978-89-20-02906-6 (03370)
값 14,000원

사이토 다카시의
진정한
학력

지금 우리 아이들이 길러야 할 힘

사이토 다카시 지음
김나랑 옮김

지식의날개

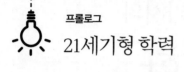

21세기형 학력

학력(學力)을 기르는 일은 많은 사람에게 중요한 과제일 것이다. 초등학교부터 대학교까지 우리는 학창 생활 내내 학력을 평가받는다. 이러한 학력은 학생 본인에게는 물론 자녀를 키우는 부모에게도 중요한 문제다. 또한 이미 학교를 졸업한 성인도 학력(學歷)이라는 이력을 통해 기본적인 지식과 사고력 수준을 인정받는 등 학력의 영향은 전 생애에 걸쳐 지속된다.

더 나아가 국민의 학력(學力) 수준은 한 국가의 위상과도 관련이 있다. 언론에서는 국제 학력 평가에서 어느 나라가 몇 위를 차지했다는 뉴스로 떠들썩해지곤 한다. 말하자면 수많은 사람이 어떠한 형태로든 '학력'과 연관되어 살아가며 관심을 기울이고 있는 셈이다.

그런데 지금 이 학력의 양상이 변모하고 있다. 학력을 길러서 지향해야 할 '목표'가 바뀌고 있는 것이다.

한마디로 말하면, '전통적 학력'에서 문제 해결형 능력이 중심이 되는 이른바 '새로운 학력'으로 개념이 바뀌고 있다. '전통적 학력'이란 기존의 지필 시험으로 평가할 수 있는 지식 및 암기 위주의 학력을 가리킨다. 이에 반해 '21세기형 학력'이라고도 불리는 '새로운 학력'이란 일상생활과 직장에서 개개인이 맞닥뜨리는 '과제'를 해결하기 위한 사고력, 표현력, 창의력 따위가 중심이 된 능력을 일컫는다.

지금 교육 현장에서는 이러한 '새로운 학력'의 양성을 추구하고 있다. 세계화에 따라 사회가 빠르게 변화하는 가운데, 주어진 과제에 유연한 사고력으로 대응하고 독창적인 아이디어를 활용하여 의욕적으로 개척해 나가는 인재를 육성하는 데 주안점을 두고 있다.

'목표'가 바뀌면 이를 준비하기 위한 학습 방법도 달라진다. 이와 관련된 가장 큰 흐름은 '액티브 러닝active learning'이라고 불리는 학습 방법의 채용이다.

'액티브 러닝'이란, 활동적이고 적극적인 자세로 타인과 대화하며 자신의 의견을 형성해 나가는 학습 방법인데(자세한 내용은 뒤에서 서술하기로 한다), 앞으로 새로운 학력, 즉 문제 해결형 학력의 양성은 이러한 학습 방법의 도입과 함께 교육계에 큰 유행을 일으킬 것으로 보인다. 이에 따라 대학 입시에서도 암기력뿐 아니라 문제 해결형 사고력을 묻는 문제가 늘어날 전망이다.

특히 일본에서 2020년에 예정된 학습 지도 요령 개정은 획기적인 전환점이 될 것이다. 일례로, 2016년 8월 2일 각 신문사에서는 문부과학성 대신의 자문 기관인 중앙교육심의회의 보고서를 인용하며 2020년 이후 '초·중·고등학교 수업에 액티브 러닝 도입', '초등학교 수업에 영어 교과 도입', '고등학교 역사에 신과목 도입' 등의 내용을 일제히 보도했다.

초등학교부터 고등학교까지의 교육 내용이 대대적으로 바뀌면 당연히 대학 입시 형태도 크게 달라진다. 학교와 학원가에서 '이미 변화는 시작되었다'며 신학습 지도 요령에 따른 커리큘럼을 발 빠르게 도입하고 '2020년 문제'라는 용어를 쓰고 있는 것에서도 알 수 있듯이, 지금은 학력의 양상이 커다란 전환점을 맞고 있다.

그런데 이쯤에서 잠시 생각해 보자. 과연 지금까지의 교육으로는 부족했던 것일까? 문제 해결형 중심 교육으로 전환하면 효과가 있다고 장담할 수 있을까? 우리에게는 일단 현 교육을 검증하고 종합적인 시점에서 차세대 교육을 고민해야 할 책임이 있다.

내가 우려하는 점은 교사와 부모가 문제 해결형 학력과 액티브 러닝에 지나치게 열광한 나머지 아이들이 진짜 의미 있는 학력을 습득할 기회가 사라질지도 모른다는 것이다. 액티브 러닝이라는 이미지에 도취되어 단지 그 형식과 수법만 모방한다고 학력이 향상될 리 만무하다. 도리어 학력이 저하될 가능성도 있다. '새로운 학습 이론으로서 액티브 러닝이 효과적이다', '미국을 비롯한 여러 나라에서 액티브 러닝을 중시하고 있다'는 식의 의견을 비판 없이 받아들이고 새로운 학습법 도입에 혈안이 되어 전통적 학력이 지닌 장점을 잃어버린다면 매우 안타까운 일이다.

나는 이 새로운 흐름에 반대하려는 것이 아니다. 내가 대학에서 실시하는 수업은 일반적인 '액티브' 수준이 아니라 '슈퍼 액티브'라고 할 정도로 매우 활동적이다. 나는 액티브 러닝의 중요성 또한 충분히 숙지하고 있다. 학습자가 머리로 생각하고 자신의 의견을 효과적으로 개진할 수 있을 때까지 철저히 훈련하는 것은 교육자의 마땅한 책임이다. 다만, 무턱대고 액티브 러닝 방식을 모방했다가 도리어 학력이 떨어지는 일은 없어야 할 것이다.

시대의 흐름을 생각하면 문제 해결형 사고력과 창의력, 그리고 이를 위한 적극적인 학습법은 분명히 필요하다. 그러나 이 책에서는 '새로운 학력'을 위해 진정으로 필요한 것은 무엇인지, 이를 갖추려면 어떻게 해야 하는지에 관해 찬찬히 살펴보고자 한다.

결론부터 말하자면, 나는 새로운 학력과 전통적 학력의 조화로운 융합이 열쇠라고 생각한다. 새로운 학력의 본질을 이해하고 효과적인 교육 방법을 실천하는 것 그리고 전통적 학력과 새로운 학력을 통합한 학습 방식을 확립하는 것, 이 두 가지를, 교육법을 전문으로 연구하는 교육학자의 입장에서 국가의 백년대계(百年大計)로 제시하고 싶다.

목차

 ## 제1장 '새로운 학력'이란 무엇인가

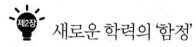

제2장 새로운 학력의 '함정'

제3장

진정으로 추구해야 할 학력

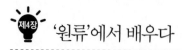

제4장 '원류'에서 배우다

제5장 '진정한 학력'을 기르는 방법

제 1 장

'새로운 학력'이란
무엇인가

'새로운 학력'의 등장

'문제 해결형' 학력

기성세대에게 있어 '학력'이란 '지필 시험으로 평가할 수 있는 것', '교과서를 달달 외우면 웬만큼 점수를 얻을 수 있는 것'이 아닐까 싶다. 교과서처럼 체계적으로 정리된 지식을 암기하고 재생하는 능력을 기본으로 삼는 학력, 이 책에서는 이러한 학력을 '전통적 학력'이라고 부른다.

반면, '새로운 학력'이란 과제를 해결하는 데 필요한 사고력, 표현력, 판단력을 중심으로 하는 학력을 가리킨다. 말하자면 교과서 없이도 개인이 주체적으로 문제를 발견하고 해결책을 생각한 후 이를 타인과 공유하고 최종적인 판단을 내리는 능력이다. '문제 해결형'이라고도 불리는 이 학력의 양상은 지금으로부터 약 30년 전 교육계에서 본격적으로 화제를 모으기 시작했다.

문부성이 제창한 '새로운 학력관'

일본에서는 1989년 문부성(현재는 문부과학성)이 내놓은 학습 지도 요령의 개정을 계기로 새로운 학력에 대한 개념이 등장했다. 예부터 '학력이란 무엇인가'에 관해서는 다양한 의견이 있었지만 문부성은 1989년에 고시된 학습 지도 요령에서 '새로운 학력관'을 내세웠다. 이에 대해 해당 지도 요령에서는 교과서를 통째로 암기하면 만점을 받을 수 있는 '암기력 위주의 지식 편중 교육'과 대비되는 학력관으로서 '스스로 배우려는 의욕과 사고력, 판단력 등의 양성에 중점을 두는 교육'이 제시되었다.

문부성에 따르면 이러한 배경에는 사회 변화에 대응할 수 있는 인재를 육성하겠다는 의도가 숨어 있다. 현실 사회는 정보화, 국제화, 핵가족화, 고령화, 가치관의 다양화 등 커다란 변화에 직면했고, 이에 따라 학생의 생활과 의식도 변하고 있는데, 이러한 변화에 대응하는 힘을 새로운 학력으로 평가하겠다는 것이다.

주요 평가 항목으로는 스스로 배우려는 의욕, 사고력, 표현력, 판단력 등이 있다. 그리고 각 과목은 '관심·의욕·태도', '사고·판단', '지식·이해' 등 항목별로 학습 상황을 평가하도록 요구하고 있다.

'살아가는 힘'의 정의

이렇게 탄생한 '새로운 학력관'의 뒤를 이어 '살아가는 힘'이라는 개념이 생겨났다.

이 용어는 1996년 중앙교육심의회의 〈21세기를 전망한 일본 교육의 양상에 관하여〉라는 보고서에서 처음 쓰였다. 이 보고서에 의하면 '살아가는 힘'이란, 빠르게 변화하는 사회를 이끌어 갈 다음 세대에게 필요한 능력으로, 사회 변화에 따라 스스로 과제를 발견하고 배우고 생각하며, 주체적으로 판단하고 행동하여 문제를 올바르게 해결하는 자질과 능력, 자신을 규제하고 타인과 협조하며 배려하고 감동할 줄 아는 풍부한 인간성, 활기차게 살아가기 위한 건강과 체력을 겸비한 것으로 정의된다.

위 내용을 바탕으로 학교 교육은 '살아가는 힘'을 양성하는 데 기본적인 가치를 두었으며, 그 후 이 개념은 법적으로도 명확성을 확보했다.

예를 들어, 2006년 개정된 교육 기본법에서는 새로운 교육의 목표가 규정되었다. 교육 기본법 제2조에서는 지·덕·체의 양성(제1호), 개인의 자율(제2호), 타인과 사회와의 관계(제3호), 자연과 환경과의 관계(제4호), 일본의 전통과 문화를 기반으로 국제 사회를 살아가는 일본인(제5호)이라는 관점으로 구체적인 교육 목표를 새롭게 규정했다.

더욱이 2007년 개정 학교 교육법 제30조 제2항에는 학교 교육에서 "평생 학습하는 기반이 생기도록 기초적인 지식과 기능을 학습시킴과 동시에 이를 활용하여 과제 해결에 필요한 사고력, 판단력, 표현력, 기타 능력을 길러 주체적인 학습 태도를 함양하도록 해야 한다"라고 명시되었다. 그리고 초·중·고등학교 전 교육 과정에서 이를 적용 내지 준용하고 있다.

이렇게 법률적으로 재검토된 '학력'의 주요 구성 요소는 ① 기초적이고 기본적인 지식과 기능, ② 지식과 기능을 활용하여 과제를 해결하는 데 필요한 사고력·판단력·표현력, ③ 학습 의욕, 세 가지임을 알 수 있다.

주체적이고 의욕적인 사고력

이러한 법 개정을 전제로 2008년 중앙교육심의회 보고서에서도 '살아가는 힘'의 양성을 중점적으로 다루었다. 여기서도 마찬가지로 "'살아가는 힘'이란, 변화하는 환경에서 시행착오를 겪으며 미지의 과제에 대응해야 하는 험난한 시대를 이끌어 갈 아이들에게 장래의 직업과 생활을 전망하고 사회에서 자립적으로 살아가는 데 필요한 능력"이라고 정의했다. 이는 앞서 언급한 1996년 중앙교육심의회 보고서에서 제시한 정의를 기본적으로 계승하여 부연한 것이다.

2011년 중앙교육심의회 보고서에서는 '살아가는 힘'을 양성하려면 타인과 자연, 사회와의 관계 속에서 의욕을 고취하고, 체험 활동을 충실히 하며, 커뮤니케이션의 기초인 언어 활동 등 실제로 사회를 살아가는 데 필요한 자질을 기르는 것이 중요하다고 강조했다.

근본적인 목적은 현 교과의 중요성을 인정하면서 현실 사회에 대응하는 힘과 현대 사회를 꿋꿋하게 살아가는 실천력을 기르는 것이다. 구체적으로는 인간관계 형성 및 사회 형성 능력(다양한 사람의 생각과 입장을 이해하고 자신의 생각을 전달하며 타인과 협동하는 동시에 사회에 참여하고 사회를 형성하는 능력), 자기 이해 및 자기 관리 능력(자신의 가능성과 희망에 대해 긍정적으로 이해하고 구체적으로 행동하면서 사회와의 상호 관계를 유지하고 자신의 사고와 감정을 다루는 능력), 과제 대응 능력(스스로 과제를 발견하고 처리하기 위해 계획을 세우고 해결하는 능력), 커리어 플래닝 능력(일의 의미를 이해하고 정보를 취사선택하여 주체적으로 커리어를 형성하는 능력)이 사회에 대응할 수 있는 힘으로 제시되었다.

진정한 학력

1989년부터 2008년까지 총 세 번의 개정을 거친 학습 지도 요령에도 '새로운 학력관'에 근거한 학습의 방향성을 제시하는 내용이 등장한다.

1998년 지도 요령에서는 '살아가는 힘'이라는 목표를 명기하며 '스스로 배우고 생각하는 힘'의 양성을 강조했다. 그리고 2008년에는 "기초적이고 기본적인 지식과 기능을 확실히 습득시키고 이를 토대로 과제를 해결하는 데 필요한 사고력, 판단력, 표현력, 기타 능력을 양성한다", "주체적으로 학습하는 태도를 기르고 개성을 살린다", "학습 습관이 확립되도록 배려한다" 등 '새로운 학력관'을 더욱 구체적으로 규정했다.

현재까지 이어져 오는 이러한 흐름을 한마디로 정리하면, 기존의 '전통적 학력'의 양성으로는 얻지 못했던 '문제 해결형 학력'이 공통 목표로 제시된 것이라 할 수 있다.

새로운 학력이 요구된 배경

이처럼 '새로운 학력관'이 제시된 후 여러 번의 수정을 거치면서까지 교육의 목표로 굳건히 자리매김한 배경에는 다음과 같은 견해가 있다.

첫째, 현대 사회를 살아가는 사람들은 필연적으로 '변화 속에서 살아가는 사회적 존재'일 수밖에 없다는 점이다. 변화가 격심한 사회에서는 다양한 정보를 기반으로 타인과 협동하여 과제를 해결하는 능력이 필요하다.

변화가 없는 사회라면 고정화된 지식을 계승함으로써 사회의 재생산이 가능하며, 이에 따라 사람들의 생활도 안정을 유지한다. 그러나 끝없이 변화하는 사회에서는 계승해야 할 지식 자체가 변화하고, 이렇게 변화하는 상황과 지식에 대응할 필요가 생긴다. 따라서 평화롭고 민주적인 국가와 사회의 형성자로서 갖추어야 할 능력, 생산과 소비 등의 경제적 주체로서 지녀야 할 능력, 각종 정보의 주체적 활용자로서 가져야 할 정보 처리 능력, 사물을 다각적이고 다면적으로 생각하는 비판적 사고력 등을 길러야 한다는 것이다.

둘째, 글로벌 사회에 대응해야 한다는 점이다. 즉 언어와 문화에 대한 이해를 높이고, 자국어로 표현하는 능력과 외국어를 이해하고 표현하는 능력이 필요하다. 그리고 습득한 언어 능력을 활용하여 고전과 예술 등 자국 문화를 이해하고 전승하는 동시에, 이 문화를 이해하고 이를 기초로 하는 사람들과 협동해 나가는 능력이 요구된다.

앞으로 살펴보겠지만 '새로운 학력'으로 떠오른 '문제 해결형 학력'은 그 학습 방법과 평가 방식에 아직 밝혀지지 않은 문제점이 내재되어 있다. 그러나 '새로운 학력'을 추구하는 흐름이 앞으로도 지속되리라는 사실은 자명하다. 국제적으로도 문제 해결형 학력을 추구하는 경향이 뚜렷해지고 있다.

　이러한 경향은 이를테면 'PISA형 학력'을 중시한다는 점에서 확연히 드러난다. PISA형 학력에 대해서는 다음 페이지에서 살펴보기로 한다.

'PISA형',
'문제 해결형' 학력

능력 발휘 평가의 척도

'PISA형 학력'의 PISA란 국제 학생 평가를 위한 프로그램Programme for International Student Assessment의 약칭으로, OECD(경제협력개발기구) 가맹국이 주관하는 학업 성취도 평가를 일컫는다. PISA는 의무 교육을 마친 15세 학생이 실생활에서 자신의 지능과 기술을 이용하여 얼마나 능력 발휘를 할 수 있는지를 측정한다. 특정 학교에서 시행하는 커리큘럼의 습득 여부가 아니라 사고 프로세스의 습득, 개념의 이해, 다양한 상황에서의 능력 발휘 정도를 평가하는 것이다.

주요 평가 분야는 '독해reading 능력', '수학mathematics 능력', '과학science

능력' 세 분야이며, 3년 주기로 이 중 한 가지를 중심 분야로 선정하여 평가한다. (다른 두 분야는 개괄적인 상황 평가만 실시한다.) 2000년에는 독해 능력, 2003년에는 수학 능력, 2006년에는 과학 능력, 2009년에는 다시 독해 능력 평가가 시행되었다. 2012년에는 선택적으로 컴퓨터를 이용한 '디지털 수학 능력', '디지털 독해 능력', '문제 해결 능력' 평가도 실시되었다.

'의욕'도 능력으로 평가되다

그렇다면 여기서 말하는 '문제 해결 능력'이란 무엇일까? OECD는 2012년 PISA 실시 때 작성한 자료에서 이를 다음과 같이 정의했다.

"문제 해결 능력이란, 해결 방법을 즉각적으로 찾을 수 없는 문제 상황을 이해하고 이를 해결해 가는 인지적 과정과 관련된 개인의 능력으로서, 건설적이고 사려 깊은 시민의 한 사람으로서 솔선하여 문제 상황에 참여하려는 의지까지 포함한다."

여기서 주목할 것은 문제 해결을 위한 의욕 자체가 능력으로 평가된다는 점이다. 이는 PISA 2003년 평가에서는 언급되지 않은 내용이다.

우선 이 문장이 뜻하는 바를 자세히 살펴보자.

먼저 '문제 상황'이란, 문제 해결에 필요한 모든 정보가 주어져 있는지에 따라 두 종류로 나뉜다. 필요한 정보가 모두 주어지지 않은 경우를 '상호 작용적인' 문제 상황이라고 부르는데, 이때 답변자는 문제 해결에 필요한 정보를 직접 수집해야 한다. 한편, 필요한 정보가 모두 주어진 경우를 '정적(靜的)인' 문제 상황이라고 부르며, 이때는 문제 해결을 위해 정보를 활용하는 능력이 필요하다.

다음으로 '인지적 과정'은 네 가지로 분류된다. 첫 번째는 '탐구 및 이해'다. 이는 문제 상황을 관찰하고 정보를 탐구하여 문제가 무엇인지 정확히 파악하는 것이다. 두 번째는 '표현 및 정식화'의 과정이다. 개인이 탐구하고 이해한 문제 상황을 표, 그래프, 언어 등으로 표현하는 것이다. 세 번째는 '계획 및 실행'의 단계로, 문제를 해결하기 위해 크고 작은 목표를 설정한 후 계획과 방법을 결정하고 실행하는 것을 가리킨다. 마지막은 '관찰 및 숙고'다. 문제 해결에 이르는 각각의 단계와 과정을 관찰하고 예측하지 못한 사태에 적절히 대처하거나 해결 방법을 다른 방법과 비교하고 평가하는 것이다.

더욱이 PISA에서 주어지는 '문제'는 다음 두 가지 경우에 따라 현실 세계에 적용된다.

첫 번째는 기술적이거나 비기술적인 '상황'이다. 먼저 기술적인 문제는 전자 기기 등을 사용하기 위해 기기의 기능을 살펴보고 이해하는 능력, 문제 해결을 위한 수단으로서 도구를 제대로 사용하는 능력을 파악한다. 반면에 비기술적인 문제는 목적지까지의 경로 결정, 스케줄 작성 등 기기를 직접적으로 사용하지 않고 해결하도록 설정된 문제다.

두 번째는 '용도'에 따라 분별된다. 자신이나 가족, 친구와 관련된 사적 용도인지, 아니면 지역 공동체 등의 사회와 관련된 용도인지에 따라 '문제'가 나뉜다.

'청소 로봇'을 이용한 평가

그렇다면 구체적인 문제를 살펴보자. PISA 2012년 평가에서는 '청소 로봇'에 관한 문제가 출제되었다.

먼저 컴퓨터 화면으로 로봇형 청소기를 움직이고 장애물에 부딪히는 모습을 관찰하여 규칙성을 파악한 후 특정 상황에서 청소기가 어떻게 움직이는지 생각하는 문제였다. 앞에서 설명한 기준에 따르면, 문제 해결에 필요한 정보는 이미 로봇의 움직임을 보여 주며 제공했으므로 '정적인' 문제 상황이라 할 수 있다.

또한 인지적 과정에서는 당면한 현실 상황을 파악하는 데 주안점을 두고 있다는 점에서 '탐구 및 이해'와 관련이 있다. 그리고 이는 문제 상황은 '기술적'이고, 용도는 '사회적'인 것에 해당한다.

청소기가 옮기는 블록(장애물) 수를 맞추거나 블록에 부딪혔을 때의 규칙성을 적는 문제도 출제되었다. 마지막은 문제 해결 과정의 '표현 및 정식화' 능력을 묻는 기술(記述)식 질문이었는데, 로봇의 규칙성을 얼마나 잘 파악하고 표현했는지에 따라 완전 정답부터 부분 정답, 오답까지 단계적으로 채점했다.

이처럼 '문제 해결형 능력'을 묻는 질문에서도 '표현'에 비중을 두는 경우가 있다. 예컨대, 2000년 평가에서는 낙서에 관해 부정적인 의견과 긍정적인 의견을 편지 형식으로 제시한 후 두 편지의 공통 목적을 물었다. 다음으로 한쪽 혹은 양쪽 편지의 내용을 언급하며 자신은 어느 의견에 찬성하는지 '자기 나름의 표현'으로 답변하도록 했다. 마지막으로 어느 쪽 편지 작성 방식이 더 좋았는지를 이유와 함께 서술하는 문제가 출제되었다.

첫 번째 질문 외에는 모두 기술식 문제로, 특정 정답을 요구하는 것이 아니라 타인의 의견을 이해하고 존중하는지, 자신의 의견을 설득력 있게 개진하는지로 평가했다.

진정한 학력

사고 에너지가 필요한 평가 방식

이러한 'PISA형 학력', '문제 해결형 학력'은 기존의 '전통적 학력'과는 판이하게 다르다. 교과서를 완전히 암기했다고 해서 문제를 완벽하게 풀 수 있는 것은 아니다. 실제 상황과 관련한 문제를 출제함으로써 직장생활과 일상생활에서 필요한 능력을 갖추었는지를 측정하는 것이 목적이다. PISA형 학력은 각 문제별로 새롭게 생각하고 판단해야 한다.

그리고 눈앞에 문제가 있을 때 이를 해결하려는 의욕이 있는지를 먼저 측정한다. 귀찮다고 회피하면 절대로 해답을 찾을 수 없기 때문이다.

지식을 기술하는 시험에서는 사고력이 필요하지 않으므로 문제를 풀고자 하는 의욕 자체를 평가하기는 힘들다. 이에 반해 문제 해결형 시험은 출제 의도를 정확히 이해하여 무엇을 묻고 있는지 스스로 생각하는 과정을 요구한다. 이 과정에는 사고 에너지도 필요하다. 이러한 문제에 맞서서 사고하는 의욕을 평가하고, 실제로 문제 해결 능력도 측정한다는 점에서 PISA 평가는 그야말로 문부성이 1989년 이후 지향해 온 '새로운 학력'을 구체화한 모델이라 할 수 있다.

'새로운 학력'을 키우는 **수업**

주체적인 학습

'새로운 학력관'의 또 다른 특징은 학생의 주체성을 중시한다는 점이다. 이에 따라 교사는 수업에서 학생 개개인이 느끼고 생각하는 바를 최대한 끌어낼 필요가 있다. 학생 한 명 한 명의 의욕과 감상, 표현력, 사고력, 이해력, 판단력이 중요하다는 사실은 의심할 여지가 없다. 그러나 현실적으로 이러한 능력을 어떻게 양성할지, 어떻게 평가할지에 관해서는 연구가 필요하다.

물론 지필 시험 결과를 점수화하는 것만으로는 개개인의 주체성에 근거한 학습을 지원할 수 없다. 전체 학생에게 특정 교육 내용을 일방적으로 전달하는 형식으로는 한 사람 한 사람의 주체적인 학습을 활성화하지 못하며, 이는 교사라면 누구나 실감하고 있는 문제다. 실제로 주체적인 학습을 어떻게 활성화할 수 있을지 지침이 필요한 실정이다.

'깨달음'이 있는 국어 수업

지침의 일례로, 1993년 이후 문부성은 '새로운 학력관'에 관한 각 교과 지도 길잡이를 배포한 바 있다. 예를 들어, 국어과에서는 〈새로운 학력관에 입각한 국어과 학습 지도 창조〉(문부성, 1993년)를 발행하여 다음 네 가지 관점으로 평가한다고 제시했다. ① 국어에 대한 관심·의욕·태도, ② 표현 능력, ③ 이해 능력, ④ 언어에 대한 지식·이해·기능이다.

이에 따른 수업 예시로, 니이미 난키치의 《아기 여우와 털장갑》(눈 내린 겨울날 털장갑을 사러 인간 마을에 가는 아기 여우 이야기─옮긴이)을 소재로 한 실천안이 소개되었다. 구체적으로는 기존 수업에서 마지막 단계에 실시했던 '아기 여우는 인간을 어떻게 생각했는지 이야기해 보자', '아기 여우의 마음을 생각하며 소리 내어 읽어 보자'와 같은 실행 과제를 수업의 중심 과제로 설정하도록 제시했다. 그리고 이야기를 나눌 때는 혼자서 의견을 정리할 시간을 미리 제공하고, 소리 내어 읽을 때는 더 많은 아이들에게 읽을 기회를 주도록 제안하고 있다.

즉 《아기 여우와 털장갑》의 내용 이해를 중점적으로 다루었던 기존 수업과는 달리, 내용 이해를 전제로 특정 장면에서 주인공인 아기 여우의 마음이 어땠을지 아이들 스스로 생각하고, 그 생각을 반영하여 읽는 데 주안점을 둔 것이다.

이러한 수업에서 교사는 가능한 한 아이들이 '깨달음'을 얻을 수 있도록 지도해야 한다. 아이들이 자기 나름의 과제를 발견하고 배운 지식을 확인할 기회를 주는 동시에, 아이들의 입장에서 폭넓게 이해하고 각자의 장점을 발견할 수 있도록 이끌어 나갈 필요가 있다. 그 결과 아이들은 자신감 있게 발표하고 국어에 대한 의욕과 관심을 키우며 표현력과 이해력, 지식을 습득하리라 기대할 수 있다.

한편, 새로운 학력관의 교육에서는 글짓기 수업 시 개인의 생활과 체험에 근거한 주체적 작문 방식으로 지도할 것을 제시한다. 이는 학습자가 의욕적으로 자신의 언어를 사용하는지, 자신의 체험을 깊이 파고드는지를 평가하는 방식이다.

이에 따라 교사는 글짓기의 구체적인 목표를 설정해야 한다. 예를 들면, 단순히 '체험한 일을 쓰세요'가 아니라 '오늘 체험한 일을 가족에게 편지로 전하세요'와 같은 형식이다. 그러면 아이 스스로 '가족에게 전하듯이 순서대로 쓰자'라는 목표를 세우고 의욕적인 자세를 보인다.

글짓기 수업에서 교사는 아이들 개개인이 어떤 목적으로, 어떤 체험을 했는지, 그 체험에서 무엇을 느끼고 얻었는지, 이를 표현하려면 무엇이 필요한지 이해해야 한다. 그리고 아이들의 흥미와 관심, 의욕을 확인하며 각각의 특성에 맞춰 지도하고, 학생과 대화하며 학생 스스로가 쓰고 싶은 것을 정확히 파악할 수 있도록 이끌어야 한다.

주도적으로 사고하는 과학 수업

다음으로 과학 수업을 살펴보자. 〈새로운 학력관에 입각한 과학 수업 연구〉(문부성, 1995년)에서는 학생이 주도적으로 문제를 해결하는 과학 수업을 지향한다. 즉 관찰과 실험을 통해 문제를 해결해 나가는 과정을 습득하는 것이 목표다.

여기서도 학생에 대한 다양한 접근법과 학생 개개인의 주체성 존중이 강조된다. 아이들이 사물을 바라보는 관점은 저마다 다르다. 그러나 어느 정도의 유형화는 가능하다. 따라서 교사는 이 유형을 인식하고 여러 가지 학습 계획과 지도 계획을 세워야 한다.

초등학교 3학년의 '흙과 돌 조사하기'라는 단원을 예로 들어 보자. 구체적인 수업 방안으로, 아이들이 각자 깨달은 사실이나 이야기하고 싶은 내용을 미니 카드에 적게 한 후 한 반의 카드를 모두 모아 일람표로 정리하라고 제안한다. 미니 카드를 만들면 아이들 개개인의 활동 현황과 느낀 점을 명확히 파악할 수 있다.

다음으로, 직접 연못을 만들어 흙과 돌의 성질을 학습하게 한다. 먼저 '연못을 만들려면 어떤 장소가 좋을까'라는 질문을 던진다. 그러면 아이들은 '물이 고여서 연못이 만들어지는 장소와 그렇지 않은 장소가 있는데, 그 차이는 무엇일까', '물이 곧바로 스며드는 이유는 무엇일까', '흙의 입자 크기와 물이 스며드는 속도는 서로 관련이 있을까' 등과 같은 의문을 가지게 된다. 다음 단계로, 흙의 성질에 따라 물이 스며드는 방식에 차이가 생기는지 실험해 보고, 그 이유를 생각한다.

아이들은 구덩이에 물을 채우는 것을 목표로 문제를 제기하고 흙과 돌을 조사한 다음 또다시 제기된 의문을 마주한다. 이는 학습자가 처음부터 흙의 성질을 배우는 것이 아니라 활동 과정 중 생기는 깨달음과 의문을 통해 이를 배워 나가고, 교사는 아이들의 깨달음과 발견을 뒤에서 지원하는 학습 형태다.

흙(점토, 모래, 돌을 섞은 물질)을 조사할 때는 교사가 여러 흙의 샘플을 준비한 후 물을 이용해 관찰할 것을 제안한다. 그러면 아이들은 '흙의 촉감에 차이가 있을까', '모래밭의 흙(모래)은 물에 넣어도 탁해지지 않는데, 그 이유는 무엇일까', '흙에 물을 넣고 휘저으면 왜 여러 갈래로 나뉠까'와 같은 의문을 품는다. 이처럼 흙의 성질을 조사하고 모래와 비교하다 보면, 물이 스며들기 어려운 흙을 발견하고 그 이유를 생각할 기회를 갖게 된다.

과학자처럼 사고하는 수업

이와 같은 과학 수업에서는 협력적 지도 체제가 중요하다. 여러 교사가 협력함으로써 아이들의 다양한 생각에 적절히 대응하고 개별 학습을 지원하는 한편, 안전한 학습 환경을 조성할 수 있기 때문이다.

교사는 아이들이 스스로 의문점을 발견하고 그 의문점을 해소하는 실험을 통해 답을 생각하도록 지도한다. 이러한 일련의 과정을 미니 카드로 정리하면 다른 친구가 어떤 생각을 하는지, 자신과 같은 생각을 하는 친구가 얼마나 있는지, 다른 생각에는 어떤 것이 있는지 확인할 수 있다.

그 결과 아이들은 자신이 추구하는 문제와 방법을 수정할 수 있으며, 각자의 사고방식과 깨달음이 결합되어 다음 단계로 발전해 나간다. 학습의 협동성이 수업을 활성화하는 것이다.

이미 교과서에 나온 사실을 언어 정보로 암기하고 또다시 종이에 적는 것이 전통적 학력의 모습이라면, 새로운 학력은 과학자의 행위에 가깝다. 즉 각자가 느낀 점에 근거하여 다음 단계로 나아간다.

이미 확정된 지식뿐 아니라 사물을 관찰하고 실험함으로써 새로운 지견을 직접 획득해 나가는 과학적 지(知)의 발견은 실제 과학자의 행위와 다름이 없다. 이처럼 과학자의 행위를 아이들이 간접적으로 경험하는 것은 새로운 학력의 학습 방식이다.

이러한 과정을 통해 얻은 결과물은 어쩌면 누구나 알고 있는 지식일지도 모른다. 여섯 시간 동안이나 실험해서 얻은 결과지만 단순히 과학적 지식을 획득할 목적이었다면 한 시간 안에 끝낼 수 있는 실험이었을 수 있다. 그러나 중요한 것은 학습자가 단순히 지식을 암기하는 것이 아닌 과학적 관찰과 실험을 할 수 있는가, 자신의 깨달음과 발견을 활용하여 문제를 해결할 능력이 있는가 하는 것이다.

즉 결과적인 지식보다 과정이 중시된다. 학습 과정을 하나의 능력으로 습득하는 것이 새로운 학력의 본질이다. 말하자면, '새로운 학력관'을 바탕으로 한 과학 수업은 그룹으로 관찰하고 실험하여 새로운 가설을 세워 나가는 '협동적인 과학자의 행위'와 질적으로 동일한 활동을 지향한다고 볼 수 있다.

물론 기존의 교과서도 관찰과 가설을 중요시한다. 그러나 기존 학습의 기본은 역시 교과서를 읽고 연습 문제를 푸는 데 있다.

기존의 학습 과정은 실제 과학자의 연구 과정과는 상이하다. 대학 입시 수준의 이과 과목에서조차 실제로 관찰과 실험의 과정은 생략한 채 교과서와 참고서의 연습 문제만 잘 풀면 점수를 얻을 수 있다. 이는 자연 사상에 맞서 가설을 검증하는 과학자의 노력과 기쁨과는 성질이 다른 학습 방식이다.

소소한 관찰과 실험에 불과하지만 새로운 학력에서는 과학자들의 노력과 발견의 기쁨을 공유하며, 이러한 학습 과정 자체를 중시하는 것이 특징이다.

액티브 러닝

'학습 방식'을 강조한 개념

앞에서 설명한 배경을 바탕으로 향후 2020년부터 2030년까지 시행이 예정된 신학습 지도 요령에서는 '액티브 러닝'을 중시한다. 액티브 러닝이란, '과제의 발견과 해결을 위한 주체적이고 협동적인 배움'(2015년, 중앙교육심의회 〈교육 과정 기획 특별부회 논점 정리〉)으로 정의되는데, 학습 내용 자체가 아닌 아이들의 '학습 방식'에 착안한 개념이다. 기본적 지식의 습득을 전제로 구체적인 과제의 발견과 해결을 통해 사고력, 표현력, 판단력을 기르는 것이 목적이다. 그 결과 기존의 지식과 기능이 새로운 형태로 체계화되고 개인 안에서 재구성되어 정착해 나가리라 기대된다.

세 가지 관점

중앙교육심의회가 작성한 〈교육 과정 기획 특별부회 논점 정리〉에 따르면, 액티브 러닝에는 세 가지 관점이 있다. 바로 '깊이 있는 배움', '대화를 통한 배움', '주체적인 배움'이다. 이 세 가지 관점에 따라 수업의 전반적인 개선을 지향한다.

첫 번째로, '깊이 있는 배움'이란 학습의 습득, 활용, 탐구 단계에서 문제의 발견과 해결에 중점을 둔 배움의 과정이다. 즉 기존의 지식을 암기하는 것보다는 학습 과정에서 견해와 사고를 심화하는 데 집중한다.

두 번째로, '대화를 통한 배움'이란, 타인과의 협동 및 외부와의 상호 작용을 통해 자신의 생각을 확장하고 심화하는 배움의 과정이다. 교사의 설명을 듣는 데서 끝나는 수업이 아니라 학생들이 서로 이야기를 나누고 정보를 교환하여 사물을 바라보는 관점을 달리하는 배움이다. 이때 외부와의 상호 작용 수단으로 인터넷과 ICT Information and Communication Technology(정보 통신 기술)가 활용될 것으로 기대된다.

세 번째로, '주체적인 배움'이란 아이들이 통찰력을 가지고 끈기 있게 몰두하여 자신의 학습 활동을 돌아보고, 다음 단계로 이어가는 배움의 과정이다. 이를 위해서는 스스로 문제를 발견하고 해결할 수 있는 환경을 조성하는 일이 중요하다.

사실 이러한 관점의 학습 방식은 그동안도 실천되어 왔다. 그러나 앞으로는 세 가지 학습 방식을 명확하게 목표로 설정하고 장려하여 더욱 적극적으로 추진할 예정이다.

여기서 중요한 것은 액티브 러닝은 학습 내용이 아니라 학습 방식이라는 점이다. 전통적 학력은 '학습 내용'으로서 지식을 습득하는 것인 데 반해 액티브 러닝은 어디까지나 배움의 '방식'이 강조된다는 사실을 기억하자.

과제 설정의 중요성

액티브 러닝에서는 과제의 설정이 중요하다. '왜 그런 결과가 나올까', '어떻게 해결할 수 있을까' 등의 과제가 불투명하면 사고의 발전을 기대할 수 없기 때문이다. 한편, 과제가 지나치게 구체적이거나 일문일답식이라면 사고가 깊어지지 않는다. 즉 질문과 과제의 설정은 교사가 실력 발휘를 할 수 있는 절호의 기회다.

하나의 과제가 끝나면 그것을 바탕으로 다음 과제로 나아간다. 다음 과제는 아이들이 스스로 발견하는 형태가 이상적이지만 교사가 이를 유도하는 방법도 실제 수업 활성화를 위해 필요하다.

대학 교원 양성 과정의 수업 과제를 예로 들면, 나는 학생들이 ICT를 활용하여 아이들의 창의적 사고를 발전시킬 수 있는 수업안을 준비해 오도록 한다. 과목 선택이나 수업을 이끌어 나가는 방식은 모두 학생에게 일임한다.

실제로 학생들의 발표에서는 각양각색의 아이디어가 나온다. 수업 현장에서 다양한 아이디어와 생각이 소용돌이칠 때 주체적인 배움이 활성화된다. 학생들은 각자 마련한 수업안과 자료로 자신의 독창성을 표현하고자 노력한다. 계획을 세우고 자료를 취합하여 발표한 후 개인 발표에 대한 피드백을 듣고 결과물을 개선하기 위해 보강한다.

지도 교사로서 주의해야 할 점은 다른 학생의 발표에 긍정적인 피드백을 주도록 제시하는 것이다. 부정적인 의견만 들으면 발표 준비에 아무런 보람도 느끼지 못한다. 우선 준비해 온 자료와 발표의 장점을 칭찬한 후 더 나은 방향으로 개선할 수 있도록 의견을 덧붙인다. 그러면 발표자는 자신이 노력한 일에서 가치를 느끼게 되고, 긍정적인 피드백으로 인해 교실 분위기가 밝아진다.

대화의 활성화

앞에서 액티브 러닝의 두 번째 관점으로 소개한 '대화를 통한 배움'은 그룹 토론과 발표가 대표적인 활동이다. 그룹 토론과 발표는 예전부터 초·중·고등학교 및 대학교에서 시행해 왔으나 그 효과에 대해서는 회의적인 시각이 팽배하다. 분위기가 활성화되지 않은 채 적당히 이야기만 나누다 끝나는 경우도 자주 있다.

그 이유는 대화를 활성화하려면 기술이 필요하기 때문이다. 그룹 토론을 시작하기 전에 먼저 자신의 생각을 메모하고 정리할 시간을 주면서, 토론의 목적과 목표를 사전에 제시해야 한다. 아이디어를 도출하기 위한 토론인지, 해결책의 타당성을 검증하는 토론인지 목적을 명확히 하지 않으면 활발한 논의를 기대할 수 없다.

예컨대, 네 명이 한 조를 이루어 신문 기사에서 특정 주제를 정한 후 한 명이 발표를 맡고 나머지 세 명이 검토하는 방법이 있다. 발표 담당자는 자신의 발표에 책임감을 가지고 준비하게 된다. 준비하는 동안 발표 내용에 관한 지식을 습득하는 동시에, 자신이 이해하고 있던 지식을 재확인하며 생각을 정리할 수 있다. 준비 과정을 통해 발표 담당자의 학습이 진척될 수 있으므로 이러한 준비를 바탕으로 발표와 토론를 진행한다.

발표 주제에 관한 각종 데이터와 사실, 근거를 의식하며 의견을 개진하면 토론이 활성화된다. 그리고 다른 사람의 생각을 들으며 자신의 생각을 확장하는 것은 토론의 이상이자 목표다.

여기서 핵심은 각자 개인의 의견을 개진하는 데 있다. 의견 개진 능력을 양성하는 것이 토론의 요건이다.

그룹 내의 한 사람이 발표하면 다른 구성원은 질문할 내용을 메모해 두고, 발표가 끝나면 질문한다. 그 질문이 토론의 실마리가 된다. 메모하며 경청하는 자세는 토론 활성화에 효과적이므로 교사는 이러한 방법론에 따라 철저히 지도할 필요가 있다.

한편, 발표는 한 사람이 전담하지 않고 순서대로 돌아가며 맡도록 한다. 예를 들면, 각자 스크랩해 온 신문 기사를 주제로 네 번의 발표를 진행하는 것이다. 전원이 발표하고 토론에 참여하면 학생들은 발표와 토론을 동시에 연습할 수 있다.

적극성은 길러 낼 수 있다

앞에서 잠깐 살펴보았듯이 '새로운 학력관'의 중심에는 '의욕'이 있다. 적극성 자체가 학력으로 평가받는다. 도전하려는 자세는 국제적으로도 인정을 받는다. 소극성을 인정하는 경우는 없다. 과제가 주어졌을 때 어떻게든 해결해 보려는 의욕적인 자세는 국제적으로 요구되는 자질이며, 개인의 우수성을 가늠하는 공통적인 기준이 되었다.

공부는 열심히 하지만 그룹 토론을 할 때 나서서 발언하지 않으면 소극적이라는 평가가 내려진다. 발언권을 계속 회피할 경우 의욕이 없다고 오해받기도 한다.

대학에서 가르치는 사람으로서 나의 경험에 따르면, 준비를 충분히 했음에도 불구하고 앞에 나서지 않는 학생이 많다는 것을 실감한다. 다른 사람 앞에서 발표를 하는 일이 긴장되어 꺼리고, 자신의 의견을 스스로 과소평가하기 때문에 나타나는 현상이다. 그러나 교사가 계속 반강제로 시키면 학생들은 발표에 응하면서 적응하게 되고, 다른 사람들의 피드백에 고무되어 점점 발표하고 싶은 욕구가 강해진다. 요컨대, '적응'의 문제라는 얘기다.

나아가, 발표를 통해 자신의 의견을 타인에게 이해시키는 행위에 쾌감을 얻게 된다. 자신의 의견을 전달하는 행위에 재미를 들이면 액티브 러닝의 회로가 완성되고, 발표는 주체적인 배움에 활력을 불어넣는다. 또한 상대방의 반응은 다음 발표를 자극하는 요인이 된다.

여기서는 대학을 예시로 들었지만 물론 초·중·고등학교에서도 기본은 동일하다. 오히려 초·중·고등학교 수업에 액티브 러닝이 도입되려는 움직임이 뚜렷하게 나타나고 있다.

가정에서 실천할 수 있는 액티브 러닝

액티브 러닝의 실천과 관련하여 한 가지 중요한 이야기를 덧붙이고자 한다. 특히 초·중·고등학생에게 가정은 중요한 액티브 러닝의 장이자 새로운 학력을 기르는 터전이라는 사실이다.

가령, 부모와 자녀가 TV 뉴스를 보고 있을 때 부모에게 배경 지식이 있다면, 뉴스 주제에 관해 해설하고 자녀에게 질문하여 의견을 들어 볼 수 있다. 막연하게 TV만 보는 것이 아니라 관련 자료를 보충하여 부모가 문제를 설정해도 좋다.

예를 들어, 2016년 6월에 미국 플로리다 주에서 총기 난사 사건이 벌어져 49명이 사망하고 다수의 부상자가 발생했다. 이는 미국 역사상 최악의 총기 난사 사건이라 불린다. 이런 뉴스가 나왔을 때 부모는 자녀에게 몇 가지 질문을 던질 수 있다. '왜 이런 사건이 일어났을까', '이런 사태가 벌어진다면 총기를 규제하는 편이 낫지 않을까', '만약 이 사건이 테러라면 어떻게 대처해야 할까', '우리 주변에서는 왜 이런 사건이 벌어지지 않을까' 등이다.

답은 한 가지가 아니어도 좋다. 도리어 답이 하나에 그치지 않는 것이 새로운 학력의 특징이다. 부모도 답을 꼭 알아야 할 필요는 없다. 함께 생각한다는 자세로 임하고, 함께 생각을 확장할 수 있을 때 그

것이 곧 자녀의 학력으로 이어진다.

플로리다 주 출신의 미국인에게 들은 바로는 미국에서는 부모가 딸에게 '수상한 사람이 있으면 망설이지 말고 총을 쏴야 한다'라고 가르치는 가정이 많다고 한다. 망설이는 사이 자신이 총에 맞을 수 있기 때문이다. 우리가 생각하기에는 지나치게 공격적이라 쉽게 이해하기 힘들지만 실제로 사살 사건과 총기 난사 사건이 빈번히 발생하는 지역에서는 개인의 안전을 위해 이러한 자세는 꼭 필요하다는 공통 이해가 전제되어 있는 듯하다.

그 미국인의 말에 따르면, 여성이 총을 소지함으로써 강간 피해가 줄어든 효과도 있다고 한다. 이러한 관점에서 보면 총을 소지하지 않는 것이 반드시 선(善)이라고 하기는 어렵다. 총기 소지를 규제하면 총을 버리는 쪽은 선한 사람들이다. 그러나 선하지 않은 사람들은 총을 버리지 않아 악인이 선인을 일방적으로 살해하는 돌이킬 수 없는 상황을 초래할 수도 있다.

일본에서는 메이지 시대 이후 현재까지 총검의 소지를 엄격히 규제하고 있다. 미국처럼 독립 전쟁 이후 헌법에까지 무기 소지를 정당화하는 듯한 문구가 삽입된 국가와는 엄연히 실정이 다르다. 나는 물론 총기 소지는 엄격히 규제해야 하며, 미국의 현실에서는 '총으로 총을 규제하는 것'과는 다른 제3의 길이 필요하다고 생각한다. 그러나 우선 나와는 다른 생각을 인지하지 못한다면 새로운 발상을 할 수 없다. 나도 이런 대화를 통해 미국인의 사고방식 일부를 배우고 대화를 통한 액티브 러닝을 할 수 있었다.

자유롭게 탐구하고 도전하는 자세

이처럼 다양한 생각을 하도록 자극하고 대화하는 방법이 자녀의 새로운 학력을 기른다. 그리고 오히려 학교보다 가정이 학력을 기르는 장소로서 적합하기까지 하다. 의견을 교환하기 편할 뿐 아니라 정답이 없는 문제를 생각할 충분한 시간도 가질 수 있기 때문이다. 부모와 자녀에게는 창의적이고 즐거운 대화 시간이 되기도 한다.

학교에서는 이미 정해진 커리큘럼에 따라 일정 교육 내용을 습득해야 한다. 이에 반해 가정에서는 커리큘럼에 얽매이지 않고 부모의 관심에 따라 자유롭게 문제를 설정하고 생각할 수 있다.

예를 들어, 자녀가 연날리기에 푹 빠졌다고 가정하자. 연을 더 높이 날리려면 어떻게 해야 할까? 이에 대한 생각은 대오리를 만드는 법, 엮는 법, 연의 재질, 날리는 법 등을 생각하는 계기가 될 수 있다. 나도 어린 시절 아버지와 가로, 세로 1미터가 넘는 커다란 연을 만들어 하천에서 날려 본 적이 있다. 잘 날리지는 못했지만 그때의 경험은 어린 내게도 아주 소중한 추억으로 남아 있다.

성공이냐 실패냐를 떠나 탐구하고 도전하는 자세에 의미가 있다. 요리에서도 평소와는 다른 방법으로 만들면 실패할 수도 있겠지만 더 맛있는 레시피를 찾아낼 가능성도 있다. 과학은 실험에서 얻은 '깨달음'을 계기로 발전하는 법이다.

생활 속의 교육

계획을 세워서 일을 진행해 나가는 기획력 또한 가정에서 기르기에 적합한 능력이다. 이 같은 능력도 충분히 새로운 학력으로 평가받을 수 있다.

문제를 풀고 요리를 하고 이야기를 만들 때도 기획력은 필요하다. 매사를 기획력의 관점에서 바라보면 모든 것이 하나의 흐름으로 보인다. 학교에서는 물론 일상에서도 순서를 찾아내고 기획력을 체득하면 실천적인 지력을 키울 수 있다.

가령, 피아노를 잘 치고 싶다면 부모와 자녀가 함께 계획을 세운다. 만약 새끼손가락이 잘 따라 주지 않는다면 새끼손가락의 움직임이 서투른 원인은 무엇인지, 어떤 손가락을 따라 움직이는지 분석한 후 문제를 해결하기 위해 연습한다. 그러다 보면 곡 전체를 부드럽게 연주할 수 있게 된다.

　이처럼 문제의식을 느끼고 해결하기 위해 차근차근 계획을 세울 수 있다는 것은 아이와 온전히 마주할 수 있는 가정 교육의 장점이다. 부모와 자녀의 대화를 통한 문제 해결 능력의 향상은 커뮤니케이션 능력의 향상으로 이어진다. 대화를 통해 문제를 찾아내고 해결책을 마련하는 과정에서 커뮤니케이션 연습을 할 수 있기 때문이다.

　커뮤니케이션 능력은 아이들뿐만 아니라 사회인들에게도 중요하다. 기업에서는 타인과 협력하여 문제를 해결하는 능력이 반드시 필요한데, 그 시작이 바로 커뮤니케이션이다.

　교과서를 암기하고 시험에서 그 암기 능력을 재생하는 과정에는 커뮤니케이션 능력이 필요하지 않다. 즉 전통적 학력은 커뮤니케이션 능력을 그리 중요하게 여기지 않는다. 하지만 실제 사회에서는 커뮤니케이션 능력이 필요하다. 그 간극을 메우기 위해서라도 액티브 러닝은 유효하다.

　이런 의미에서 '액티브 러닝과 새로운 학력은 가정에서 기른다'고 해도 과언이 아니다.

어떻게 평가하고
평가받을 것인가

평가의 관점

그렇다면 '액티브 러닝'으로 학습한 능력을 교육 현장에서 어떻게 평가할 수 있을까?

2020년 개정 신학습 지도 요령에서는 '지식과 이해', '기능', '사고와 판단과 표현', '관심과 의욕과 태도', 네 가지가 평가의 주요 관점으로 제시될 예정이다. 이는 앞에서 언급한 학교 교육법 제30조 제2항을 바탕으로 설정한 것이다.

다만 내가 염려하는 것은 평가 기준이 불투명할 경우 아이들이 무엇을 목표로 삼아야 할지 갈피를 못 잡는다는 점이다. 학습은 평가와

표리일체의 관계에 있으므로 평가에 따라 아이들의 학습도 달라질 수밖에 없다.

특히 '관심과 의욕과 태도'는 개인의 주관적인 문제라 외부에서 평가하기가 어렵다. 자칫하면 '노트 필기 솜씨'나 '거수 횟수' 등 본래의 취지에서 벗어난 표면적인 평가에 그칠 우려가 있어 좀 더 객관적으로 평가하는 방법이 검토되고 있다.

새로운 학력에서는 학습 과정의 질이 중요하기 때문에 학습 평가 시 결과보다 과정을 중시한다. 예를 들어, '활동 카드'에 얼마나 적극적으로 기입했는지를 살펴봄으로써 그 시간에 적극적으로 지적 활동에 참여했는지를 파악하는 것이다. 쪽지 시험 같은 기존의 형태와는 달리 학생의 활동 과정을 추적할 수 있기 때문이다.

철봉에서의 거꾸로 매달리기를 결과만으로 평가할 경우 처음부터 잘하는 아이의 평가는 높고, 못하는 아이의 평가는 낮아진다. 그러나 매달리기에 성공할 때까지의 과정을 노트에 쓰게 하면, 못하는 아이는 어떤 이유로 실패했는지 분석하고, 그 과정에서 깨달은 자신의 과제를 해결하려는 학습 과정이 탄생한다.

이때 아이에게 의욕과 관심, 문제 해결 능력이 있다고 판단된다면 빠른 성공 여부와는 상관없이 지적 탐구 자체를 평가할 수 있다. 처음부터 잘했던 아이에게도 자신이 어떻게 성공할 수 있었는지 생각할 시간을 주고 더 높은 단계에 도전하도록 유도함으로써 탐구심을 기르게 할 수 있다.

다면적 평가

활동 카드 외에도 리포트 제출, 발표, 그룹 학습 등 기존의 지필 시험과는 다른 형태의 다면적 평가를 시행해야 한다는 지적이 있다.

기존의 지필 시험은 지식을 제대로 알고 있는지를 가늠하므로 자신의 지식 습득 정도를 객관적으로 파악하는 데 도움이 된다. 한편, 리포트 작성에는 상당한 시간 동안 자신의 생각을 심화하는 과정이 필요하다. 글로 쓰는 동안 자신의 생각이 정리되지 않았다는 사실을 깨닫거나 더 조사해야 할 점이 드러나기 때문이다. 애초에 자기 나름의 독자적인 관점이 없는 사람은 좋은 리포트를 작성할 수 없다.

이러한 리포트 작성 경험은 장기적으로 학술 논문 작성 능력의 밑거름이 된다. 학자와 연구자가 논문을 쓰는 작업과 질적으로 동일한 작업을 초·중·고등학교 때 연습해 봄으로써 문제를 탐구하는 사고와 기술을 단련할 수 있다. 예전에는 대다수의 학생들이 대학교 졸업 논문을 쓸 때가 되어서야 처음으로 긴 논문을 써 보았으나 초등학생 때부터 리포트를 쓰다 보면 논문 작성도 익숙해질 것으로 기대된다.

대학 입시 형태의 변화

흐름이 이렇다 보니 대학 입시도 변화하는 추세다. 특히 2020년 지도 요령 개정의 영향으로 대학 입시 형태가 대폭 달라질 전망이다. 대학 입시 센터 시험이 폐지되고 우선 고등학교 2~3학년 사이에 기초 학력을 측정하는 '고등학교 기초 학력 시험(가칭)'이 시행되는 한편, 대학 입학 지망자에게는 '대학 입학 희망자 학력 평가 시험(가칭)'이 실시될 예정이다. 2016년 3월에 문부과학성이 발표한 대학 입시 개혁 회의의 〈최종 보고〉에 따르면, 새롭게 실시될 공통 시험에 마크 시트 방식 외에도 기술(記述)식 문제를 출제하고, 컴퓨터로 답을 입력하는 CBT^{Computer-Based Testing} 방식을 도입한다는 방침이다.

이러한 '평가 시험'의 '기술식 문제 이미지 예'가 인터넷에 공개되었는데, 가령, 국어에서는 다수의 그래프, 도표, 문장을 보면서 정보를 파악하고 자신의 생각을 정리하는 문제가 제시되었다.

공통 시험인 '평가 시험'뿐 아니라 대학별로 치러지는 2차 시험에서도 대학의 독자성을 살린 개별 시험이 점차 늘어날 전망이다. 교토 대학의 특색 입시, 도쿄 대학의 추천 입시 등이 이러한 경향을 보여 준다. 전통적 학력의 입시 방식에서 지식을 활용하여 스스로 문제를 해결하는 능력이 있는지 판단하는 방식으로 변화하고 있는 것이다.

그렇다면 대학도 어떤 의식을 가진 학생이 입학하기를 희망하는지 제시하는 입학 방침을 정해야 한다. 뿐만 아니라 어떤 학습을 축적하고, 학위를 취득하기 위해 어떤 자질을 갖춰야 하는지에 관한 학위 방침도 마련해야 한다. 당연한 말이지만, 대학 입시의 변혁은 대학 교육의 변화와도 연동되어 있다.

새로운 문제점

새로운 입시에서는 암기한 지식을 기재하는 '전통적 학력' 방식의 질문보다는 문제 해결 사고력을 측정하는 질문이 출제될 예정이다. 그러나 이와 관련하여 몇 가지 난점이 지적되고 있다.

우선 '문제 해결 능력을 측정하는 문제'의 출제가 쉽지 않다는 것이다. 또한 결과를 어떻게 점수화할지, 각 교과 성취도를 어떻게 평가할지, 채점 업무가 방대해지는 문제는 어떻게 해결할지도 우려된다. 실제로 한 해에 여러 회 시행될 예정이었던 '평가 시험'은 출제와 채점에 따른 애로 사항으로 인해 연 1회 시행으로 변경될 것이라는 보도가 나오기도 했다.

매년 AO 입시 또는 자기 추천 입시라 불리는 형태의 비율이 증가하고 있는데, 이 역시 평가 기준이 어려운 시험이다.

AO 입시의 AO란, 입학 관리처Admissions Office를 뜻한다. 필기 시험을 보지 않고 고등학교 성적, 면접, 토론, 자기 추천서, 소논문으로 합격 여부를 결정하는 입시 형태로, 1990년 게이오 대학에서 처음 채용하며 주목을 받았다. 이 같은 입시 형태를 자기 추천 입시라고 하는데, 예컨대, 동아리 활동에서 전국 대회에 출전한 경험을 어필하여 입학하는 시험 방식이다. 학생 회장 등의 공적 활동 경험은 높이 평가받는다. 서예 대회에서 입선한 실적 등 기예의 재능도 뽐낼 수 있다. 즉 학생이 자신의 실적을 어필하면 대학이 평가하는 시스템이다. 세계 각국을 여행하면서 얻은 견문을 대학에서 활용하겠다는 식의 어필도 가능하다.

예전에는 모두가 똑같은 시험을 똑같은 일시에 치르고, 점수에 따라 순위를 매기는 줄 세우기식 입시밖에 없었다. 이러한 형태를 일반 입시라고 부르는데, 현재 전국 사립 대학에서는 이 같은 일반 입시 외 입학자 비율이 50퍼센트를 넘는다.

자기 추천 입시는 학생의 자질과는 별개로 가정환경이 자기 추천 내용에 영향을 미칠 수 있다는 점이 문제로 지적된다. 경제적으로 여유로운 가정에서는 학생에게 다양한 경험을 제공할 수 있으나 그렇지 못한 가정에서는 거의 불가능한 일이라 가정환경에 따라 우열이 갈릴 위험이 있다.

일반 입시에서는 1점 차이로 눈물을 삼켜야 하는 치열한 경쟁이 벌어지는 한편, 자기 추천 입시에서는 개인이 관심 있는 주제로 리포트를 제출하면 입학의 기회를 얻을 수 있다. 그런 점에서 일반 입시를 통해 합격한 학생들은 불공평하다는 생각을 할 수 있다.

대학 입시의 다양화와 개별화가 진행된 오늘날, 대학 진학 문제를 고민하는 가정에서는 무엇을 어떻게 준비해야 할까? 수험생이 있는 가정에서는 최대의 관심사일 수밖에 없다.

여기서는 수험 제도 개혁의 시비에 관해서는 논하지 않겠지만 문부과학성이 제시한 '새로운 학력관'의 교육과 시험에는 커다란 과제가 몇 가지 남아 있다는 사실을 지적하고 싶다. 이와 관련해, 다음 장에서는 '새로운 학력'에 숨겨진 함정에 관해 살펴보고자 한다.

제 2 장

새로운 학력의
'함정'

'유토리' 교육

이상과 현실

현실 사회에는 수많은 문제가 산적해 있다. 기업은 환경의 변화에 따라 끝없이 새로운 문제에 직면한다. 물론 개인 차원에서도 인간관계가 존재하는 곳이라면 문제는 발생하기 마련이다. 현실의 문제를 해결하는 실천력을 '살아가는 힘'이나 '문제 해결 능력'이라고 부른다면, 이러한 능력이 필요하다는 사실은 부인할 수 없다.

그러나 '살아가는 힘'을 사회에 대응하는 능력으로 정의하고 그것을 목표로 내걸었던 지난 20여 년간의 교육이 과연 '살아가는 힘'을 지닌 인재 육성으로 이어졌는지는 의문이다. 내세운 목표가 이상적

진정한 학력

이고 타당할지라도 그것이 실제로 효과를 발휘했는지는 별개의 문제다. 안타깝게도 자신이 '살아가는 힘'을 배우고 익혔다고 생각하는 사람은 소수에 불과하다. 이것이 바로 교육의 어려움이다.

이상과 현실이 반드시 일치하지는 않는다. 이 난제를 가장 명확하게 보여 주는 사례가 바로 유토리(ゆとり, 우리말로 '여유'라는 뜻—옮긴이) 교육의 '실패'다.

'여유'가 있는 유연한 교육

'유토리 교육'이란, 학습 내용의 30퍼센트 축소, 수업 시간 단축, 주5일제 등교 도입, 과목 횡단형 '종합적 학습 시간'의 창설을 골자로 하는 시책 전반을 일컫는다. 학생들에게 '유토리(여유)'를 주자는 것이 주요 취지였으므로 이러한 일련의 개혁에 따라 시행된 교육을 '유토리 교육'이라고 부른다.

유토리 교육의 목적은 치열한 입시 경쟁에 따른 폐해를 없애고 여유롭게 공부할 수 있는 환경을 조성하며, 따돌림과 등교 거부 문제를 개선하는 것이었다. 즉 학습 시간과 내용에 여유를 불어넣은 '종합적 학습 시간'을 도입하여, 생활과 밀접한 문제에 관해 사고하는 유연한 교육을 지향했다.

유토리 교육은 단계적으로 도입되었기 때문에 어느 세대부터 유토리 교육을 받았는지에 대해서는 의견이 분분하지만 대체로 1990년 전후에서 1990년대 중반에 태어난 일본인은 자신을 '유토리 세대'로 간주한다.

그러나 많은 언론에서 보도했듯이 유토리 교육의 도입 주체인 문부과학성이 스스로 이 정책에 대해 부정적인 평가를 내린 바 있다. 2016년 5월 10일, 하세 히로시 문부과학성 대신이 2020년부터 시작되는 신학습 지도 요령과 관련하여 학습 지식의 양을 줄이지 않겠다는 뜻을 밝히고, "유토리 교육과의 결별을 명확히 하겠다"라고 공식 선언을 한 것이다.

환상이 깨지다

이 선언의 배경에는 유토리 교육의 결과로 추측되는 '학력 저하'에 대한 비판이 있다. 국제적 학력 시험에서 일본의 순위가 계속해서 떨어지는 사태가 발생한 것이다. 2003년 국제 수학 과학 성취도 평가(TIMSS; Trends in International Mathematics and Science Study)에서는 1995년 평가와 비교 시 일부 항목의 정답률이 크게 떨어졌다. 그리고 PISA 평가에서도 2003년과 2006년 평가 결과를 비교하면 독해 능력, 수학 능력, 과학 능력의 세 분야 모두에서 순위가 하락했다.

심지어 유토리 교육은 학자나 학교 관계자뿐 아니라 일반인 사이에서도 크게 비판을 받았다. 학습 내용을 30퍼센트 축소한 결과, 학생들은 사다리꼴 면적 구하는 법 등 지극히 기본적인 지식조차 습득하지 못했는가 하면, 일부에서는 원주율을 '약 3'으로 가르치는 사례가 생기는 등 도입 초기부터 이 방침을 불안하게 보는 시선이 존재했다. 그런데 국제 학력 시험 결과가 지속적으로 떨어지자 예상이 적중했다는 듯 비판을 받은 것이다. 이러한 지적의 영향인지 유토리 교육에 부정적인 평가를 내린 문부과학성은 2008년 학습 지도 요령 개정을 기점으로 학습 내용과 교과서의 분량을 늘리겠다고 방침을 전환했다.

유토리 교육이 실패한 원인은 여러 가지가 있다. 첫 번째로, 유토리 교육의 도입 사유로 지목된 '수험 경쟁 과열'은 1990년대에 이미 저출산 현상으로 해소된 상태. 1948년 전후에 태어난 베이비 붐 세대는 한 학년이 약 200만 명이었던 데 반해 1990년대에 태어난 세대는 학 학년이 약 120만 명 수준이다. 2000년대 후반에는 대학 진학을 희망하는 인구가 대학 입학 정원 합계와 일치하거나 오히려 밑도는 시대가 도래했다. 수험 경쟁이 과열되기는커녕 잠잠해졌다고 해도 될 만큼 저출산 기조가 이어진 것이다.

두 번째 원인은 학습 내용을 줄인다고 해서 그 내용을 완벽히 습득하는 것은 아니라는 점이다. 학생들은 30퍼센트를 축소한 70퍼센트의 학습 내용을 100퍼센트라고 인식하게 되는데, 이 경우 그 70퍼센트 중에서도 숙지하지 못하는 부분이 생기면서, 결과적으로 기초 지식이 한층 더 부족해지는 사태에 이르게 된다. 즉 학습 내용을 줄이면 습득률이 높아지리라는 생각은 일종의 환상이었던 셈이다.

두 마리 토끼

문부과학성이 유토리 교육을 부정한 것은 사실이지만 그 뿌리에 있는 '살아가는 힘'과 '새로운 학력관'까지 부정한 것은 아니다. 학습 내용의 충실함을 유지하고 기초 학력을 높이면서 문제 해결형 학력도 배양해 나가는, 이를테면 두 마리 토끼를 다 잡는다는 방침이 현재 문부과학성이 추구하는 방향이다. '유토리 교육으로 회귀하지는 않되, 문제 해결형 능력을 중심으로 새로운 학력을 길러 나가겠다'는 이상을 내세우고 2020년 학습 지도 요령 개정에 박차를 가하고 있다.

즉 '새로운 학력', 문제 해결형 학력의 향상에 주안점을 둔 방침은 1989년 이후 변함없이 이어지고 있다. 그러나 간판만 번듯하게 내건다고 해서 목표를 달성할 수는 없다. '새로운 학력관'과 거의 같은 시기에 제시된 '개성 존중 교육'은 30년이란 세월 동안 과연 효과가 있었는가? 결론부터 말하자면, 현대의 젊은이들이 예전보다 개성이 넘친다는 이야기는 들리지 않거니와 기업 인사 담당자들은 오히려 "다들 비슷비슷해서 선발하기 어렵다"라고 입을 모은다. 그간 개성과 주체성 중심의 교육을 추구해 왔음에도 불구하고, 과거보다 학생들의 개성과 주체성이 더 뚜렷해졌다고는 볼 수 없다.

더욱 심각한 문제는 새로운 학력의 양성에 여러 난제가 남아 있다는 사실이다. 제1장 마지막에서 새로운 학력을 '평가'하는 어려움에 대해 간략히 언급했는데, 평가뿐 아니라 '실시'에도 어려움이 따른다. 이대로 가다가는 '새로운 학력관'에 입각한 교육도 유토리 교육의 실패를 따라갈 수밖에 없다. 그 전철을 밟지 않기 위해 이번 장에서는 새로운 학력의 향상이라는 방향성에 내재된 '함정'에 대해 알아보고자 한다.

해결해야 할
과제

실천 가능한 교사가 있는가

사고력, 판단력, 행동력, 표현력 등의 '새로운 학력'이 시대적 요구라는 사실은 분명하지만 이를 양성하는 데는 여러 난제가 있다.

첫 번째는 새로운 학력을 기르는 지도 방법을 교사와 지도자가 어디까지 실천할 수 있느냐 하는 문제다. 아무리 훌륭한 교육이라도 실천하지 못한다면 그림의 떡이나 다름없다.

새로운 학력을 기르려면 지금보다 한층 더 뛰어난 교사의 역량이 필요하다. 틀에 짜인 교육 내용을 설명하고 암기시키는 교육이라면, 교사는 지도 방법 연구에 그다지 힘쓸 필요가 없다. 즉 교사 개인의 교육적 센스는 크게 영향을 미치지 않는다. 그러나 새로운 학력을 기르는 수업에서는 우선 교사의 숙련된 연구가 뒷받침되어야 한다.

실제로 의욕, 사고, 판단, 표현, 행동과 관련된 능력을 수업에서 어떻게 양성할지 그 방법을 고안하는 일은 매우 어렵다. 교사는 매번 학습자의 의욕과 사고 수준이 어느 정도인지를 피부로 느끼고 그 도달점을 객관적으로 평가해야 한다. 한순간도 방심하지 않고 개개인의 상황을 파악하며 수업하는 것이 일방적 수업보다 훨씬 더 어렵다는 사실은 교육 경험이 없는 사람도 쉽게 상상할 수 있을 것이다. 학생의 학습 상황을 파악하려면 교사에게 기본적인 소양 외에 특별한 역량이 필요하다. 바로 '센스'다.

센스를 갖추고 기르기란 쉽지 않다. 그러나 학생의 상황에 따라 효과적인 교육 방법을 시의적절하게 고안하고 적용하지 못한다면 아무리 액티브 러닝을 도입한들 수업은 '활성화'되지 않는다. 그런데 현재 이를 실천할 만한 센스를 지닌 교사가 얼마나 있을지에 대해서는 솔직히 의문이 남는다.

연구 능력과 교육적 센스가 있는가

액티브 러닝을 교실 학습의 중심으로 삼겠다는 말은 매우 이상적으로 들린다. 그러나 실제로 뚜껑을 열어 보면 그룹 토론 하나조차 그리 녹록지 않을뿐더러 효과적이지도 않다. 대충 이야기를 나누다 끝나는 경우가 많기 때문이다. 명목은 '조사 학습'이지만 실상은 시간 때우기 식 수업 사례도 있다. 이런 느슨하고 허술한 수업을 1년 동안 진행해 봐야 학생들에게 남는 것은 없다. 그렇다면 지금까지 해 왔던 것처럼 전통적 학력을 습득하는 편이 결과적으로는 더 생산적일 수도 있다.

좀 더 위로 올라가서, 교원을 양성하는 대학 교수가 액티브 러닝을 얼마나 실천할 수 있을지도 의문이다. 적어도 2016년 현재 교원 양성 수업은 물론 대학의 일반 강의는 액티브 러닝과는 거리가 멀다. 교수 혼자 일방적으로 90분간 쉼 없이 설명하고 학생들은 노트에 필기하기 바쁜 옛날 수업 방식도 여전히 진행되고 있다. 이런 수업을 받아 온 대학생이 과연 초·중·고등학교 교사가 되었을 때 액티브 러닝 수업을 생산적으로 이끌어 나갈 수 있을까?

애당초 액티브 러닝 수업을 1년 내내, 그것도 매주 시행한다는 것도 쉬운 일이 아니다. 아니, 실제로 성공한 사례가 드물다. 한 주에 한 번 정도라면 사례 연구를 중심으로 액티브 러닝을 시행할 수도 있겠지만 모든 수업을 같은 식으로 이끌어 가기는 어렵다.

이에 반해 전통적 학력처럼 명확히 정해진 교과서로 내용을 습득시키는 교육의 경우 1년간 수업의 실제 질은 보장할 수 있다. 수업이 재미없어질 우려도 있으나 내용의 일정 수준은 보장이 된다. 그리고 꼭 액티브 러닝 방식을 고수하지 않더라도 다른 방식으로 학습자의 의욕을 고취하여 수업을 재미있게 진행하는 센스와 실력을 지닌 교사도 많다. 이러한 교사들은 현행 지도 요령을 토대로 전통적 학력을 양성하는 동시에, 의욕과 사고력, 판단력을 기르는 수업을 실시하고 있다.

다시 말해, '새로운 학력'을 양성하는 수업을 이끌어 나가려면 교사의 센스가 반드시 필요하고, 무엇보다 교사가 먼저 의욕과 사고력, 판단력을 갖추어야 한다. 이러한 능력만 있다면 굳이 액티브 러닝이라는 방식을 고집하지 않아도 좋다. 전통적인 수업 방식으로 성과를 올리던 교사가 무리하게 액티브 러닝 수업 방식으로 바꾸어 도리어 학습 효과가 떨어진다면 매우 안타까운 일이 아닌가?

교원 자격 취득에 필요한 조건이 늘어난 영향인지, 교사를 지원하는 학생 수는 계속 줄어드는 추세다. (일본의 교사는 한국에 비해 그 위상이 훨씬 낮은 편이다. 2013년 바키 재단Varkey Foundation이 발표한 〈세계 교사 위상 지수Global Teacher Status Index〉에 따르면, 조사 대상인 OECD 회원국 21개국 중 일본 교사의 위상은 17위, 한국은 4위로 나타났다-옮긴이) 이러한 현 상황에서 '새로운 학력'을 양성할 수 있는 센스 있는 교사들을 현장에 대거 투입할 수 있을지는 진지하게 고민해 볼 일이다.

초·중·고등학교뿐 아니라 대학 교육에도 불안 요소는 존재한다.

대학 교수의 대다수는 주로 연구를 하는 연구자인데, 그들이 장차 수업 현장을 책임지고 관리할 학습자의 의식을 활성화하기란 쉽지 않다는 점이다. 수업이라는 생생한 공간을 책임지는 교육 능력과 연구 능력은 별개이기 때문이다.

앞으로는 대학 교수에게도 연구 능력은 물론, 수업 현장을 생생하게 관리하고 이끌어 가는 교육적 센스가 요구될 것이다. 단순히 발표, 토론, 조사 학습을 도입한 표면적인 액티브 러닝 수업이 아니라 학습자 개개인의 의식이 깨어 있는 수업을 진행하는지 지켜보아야 한다. 만약 진정으로 살아 있는 교육 현장을 실현하고 싶다면, 두 마리 토끼를 모두 놓치지 않겠다는 비장한 각오를 다져야 한다.

객관적인 평가는 가능한가

새로운 학력 양성의 두 번째 난제는 앞에서도 언급한 '평가'의 문제다.

'의욕'이라는 눈에 보이지 않는 요소를 어떻게 평가해야 할까? 대학 입시나 회사 면접에서 "저는 열정이 있습니다!", "의욕이 넘칩니다!"라고 말하는 사람은 부지기수다. 하지만 그런 말이 실제 열정과 의욕을 증명해 주지는 않는다.

의욕은 인간의 내면에 잠재되어 있기도 하고, 조용히 타오르는 형태로 나타나기도 한다. 아무리 적극적이고 말솜씨가 좋다고 해도 그것이 평생 끈기 있게 연구에 몰두할 의욕이 있음을 보여 주는 근거가 되지는 못한다. 오히려 어릴 때는 주변과 원활히 소통하지 못했으나 훗날 노벨상 수준의 연구 실적을 올리는 사람도 있다. 일례로, 수학계 최대의 난제로 꼽힌 '푸앵카레의 추측Poincaré conjecture'을 증명한 러시아의 수학자 그리고리 페렐만은 다른 사람 앞에 서는 것조차 거부하는 사람이었다. 수학계에서 가장 권위 있는 상인 필즈 상Fields Medal까지 거부했다는 뉴스를 보고 그를 유달리 독특한 인물이라고 생각할 수 있지만 그의 연구 성과만큼은 수학사에 길이 남을 위업이다. 물론 이는 극단적인 사례지만 의욕을 일률적인 기준으로 평가함에 따라 특별한 재능이 있는 사람까지 부당하게 저평가하는 사태가 벌어져서는 안 된다는 얘기다.

의욕뿐 아니라 사고력, 판단력, 표현력, 행동력을 평가하고 점수화하는 것은 전통적 학력과는 비교할 수 없을 정도로 어려운 일이다. 학생 개개인의 능력을 기술식(記述式)으로 평가하면 교사의 일이 방대해진다. 평가 업무에 많은 에너지를 빼앗기면 정작 학생을 지도하는 일에 써야 할 에너지가 줄어들 가능성이 있다.

평가의 한 방법으로 학생들이 자신의 사고력과 판단력을 자기 평가하는 방식도 있다. 예를 들면, 활동 카드에 수시로 자기 평가를 작성하는 것이다. 그러나 자기 평가 자체는 유의미한 활동이지만 이를 학력 평가의 기준으로 삼기에는 객관성이 현저히 떨어진다. '모든 학생이 각기 나름의 의욕을 지니면 된다'라고 생각한다면 평가 기준이 없는 셈이나 마찬가지다. 성적표를 없애고 그룹 발표로 평가를 대신하는 방법이라면 애당초 객관적이고 세밀한 기준을 마련할 필요도 없다.

액티브 러닝은 학생의 주체성에 맡기는 측면이 많아서 이를 교사가 일방적으로 평가하는 방식이 꼭 옳다고는 할 수 없다. 설사 학생이 곁길로 새더라도 나무라지 않고 거기서 깨달음을 얻기 바라는, 이른바 '그릇이 큰' 수업 운영이 필요하다.

그러나 이런 수업 방식이 그럴 듯해 보일 수 있어도 자칫하면 아무런 평가도 하지 않는 허술한 수업으로 끝날 우려가 있다. 예전에 나는 한 초등학교를 찾아가 '곤약 만드는 법'이라는 주제로 한 시간 동안 학생들과 이야기를 나눈 적이 있다. 언뜻 열심히 토론하는 듯 보였으나 학생들은 제각기 말하고 싶은 얘기만 할 뿐 이런 수업에서 정확한 근거를 바탕으로 사고하고, 판단하고, 다음 과제로 나아가는 과정은 찾아볼 수 없었다. 그리고 이를 교사나 다른 학생이 평가하는 단계도 빠져 있었다.

다 같이 즐겁게 연구 결과를 발표하는 것으로 수업이 끝난다면 문

진정한 학력

제는 없다. 그러나 평가 기준이 결여된 교육 행위는 대단히 위험하다. 수업이 학생들에게 아무런 성과도 없는 '시간 낭비'로 여겨질 수 있기 때문이다. 의욕과 사고력, 판단력을 평가할 명확하고 객관적인 기준을 어떻게 설정할 것인가? 교사의 주관이 지나치게 개입되지 않는 간편하고 객관적인 평가 방식이 준비되어 있는가? 이것이 관건이다.

면접이냐, 리포트냐

물론 면접으로 당사자의 의욕과 가능성을 평가하는 방식도 있다. 그러나 면접 역시 '객관성'을 유지하기는 어렵다.

수많은 '매뉴얼'이 있는 것에서도 알 수 있듯이 면접에서는 정형화된 표현이 쓰이기 때문에 이를 연습해 온 사람이 유리한 결과를 얻는 경우가 많다. 프랑스의 사회학자 피에르 부르디외는 도심에서 자란 아이나 가정에서 대화를 많이 한 아이가 면접에 유리하다고 주장한 바 있다.

대체로 면접에서는 밝은 태도로 의욕적인 모습을 보여 주는 사람이 호감을 얻는다. 그런데 그 태도는 타고난 기질과 밀접한 관련이 있다. 기질적으로 '활발한지 조용한지', '밝은지 어두운지'가 영향을 미친다. 면접이란 것이 본래 타고난 성향을 평가하는 자리가 아님에도 불구하고 아무래도 편견이 생기기 마련이다.

또한 앞으로는 리포트를 평가하는 방식이 늘어날 전망이다. 앞 장에서 잠깐 언급했듯이 리포트에 자신의 학습 성과와 의견을 정리하는 행위는 매우 중요하다. 하지만 '객관적인 평가'라는 측면에서 보자면 리포트의 우열을 점수화하고 평가하는 방식은 기존의 시험보다 객관성이 떨어질 가능성이 크다.

평가 기준은 명확한가

전원이 같은 날짜, 같은 시간에 시험을 치르고 1점 단위로 성적을 매기는 기존 시험은 엄밀한 평가가 가능하며, 학생에게 심리적인 압박감도 줄 수 있다. 입시에서 1점 차이로 당락이 결정된다는 생각으로 공부하면 태도가 자못 진지해진다. 시험에 나오는 문제는 공부한 범위의 5퍼센트에도 못 미칠지 모르나 입시에서 '1점이라도 더' 받으려면 출제되지 않는 나머지 부분까지 공부하는 수밖에 없다. 기존의 지필 시험은 순수하게 노력한 결과를 평가해 왔다고 할 수 있다.

그런데 지필 시험을 폐지하고 문제 해결형 시험을 도입하면 선천적인 머리의 좋고 나쁨을 평가하게 된다. 기존 교과별 시험은 노력해서 준비하면 점수를 올릴 수 있었다. 그러나 PISA 평가처럼 교과를 초월한 문제는 준비하기도 힘들고, 노력한다고 쉽게 좋은 점수를 얻을 수 있는 것도 아니다. 이럴 경우 '노력해 봤자 헛수고'라는 생각에 오히려 공부에서 멀어질 위험이 있다. 수업에서 적극적으로 토론에 참여했더라도 그것으로 끝이라면 결과적으로 종합적인 학력은 떨어지고 만다.

사고력이나 판단력은 어떤 상황에 직면했을 때 즉각적인 반응으로 판단할 수 있는 능력이다. 이런 능력을 수많은 학생이 치르는 지필 시험으로 평가하는 일이 공평한지도 의문이다. 기존 시험은, 꾸준히 노력해 온 점을 치하하는 의미에서 '노력상'의 개념으로서는 가치가 있다. 학생들은 입시 당일의 성과를 위해 수년간 부단히 노력한다. '새로운 학력'에 초점을 맞춘 면접과 리포트는 과연 이러한 '공평성'을 보장할 수 있을까? 더구나 리포트를 다른 사람이 작성할 위험성도 완전히 배제할 수는 없다.

학습 현장에는 '평가'라는 장치 때문에 노력하는 학생이 많다. 아무리 '자주적인 의욕'을 추구한다 해도 평가를 의식하기는 아이나 어른이나 마찬가지다. 그런데 무엇을 어떻게 평가할지가 불투명하다면 노력하려는 마음이 느슨해지기 마련이다. 과연 평가 기준을 명확하게 설정해 이를 학생들에게 전달함으로써 학생 스스로 성장하려는 의욕을 불어넣을 수 있을까? 이 문제를 소홀히 여긴다면 '새로운 학력'을 기르기는커녕 도리어 아이들의 의욕마저 꺾을 수 있다.

ICT의 활용과
학습의 질

학습의 형태와 질

　새로운 학력 양성의 세 번째 난제는 '학습 수단'의 문제다.

　앞 장에서 살펴본 그룹 토론이나 발표 등 액티브 러닝 방식의 수업, 또는 인터넷 등의 ICT를 활용한 학습은 경우에 따라 효과를 거둘 수 있다. 그러나 이러한 학습 형태와 학습 수단이 무조건 학습의 질을 보장하지는 않는다는 사실을 유념해야 한다.

　그룹 토론을 하더라도 분위기가 활성화되지 않으면 진정한 액티브 러닝이라고 할 수 없다. 교실에서 학생들이 자기 차례가 되어 별다른 생각 없이 발표하고, 정확히 추구하는 방향성 없이 대충 토론한다면 아무런 성과도 얻을 수 없다. 차라리 교사가 자신의 전문 분야를 살려 유익한 설명을 하고, 학생들이 그 내용을 필기하고 암기하는 기존의 수업 방식이 지식 습득 면에서는 효과적이다.

본래 액티브 러닝은 배우는 사람의 의식이 활성화되는 것을 지향할 뿐 토론이나 발표와 같은 학습 방식 자체가 목표는 아니다. 만약 학습자의 의식이 활성화된 상태에서 교사가 강의를 훌륭하게 이끌어 갈 수 있다면 일방적 수업 형태가 토론이나 발표보다 효과적일 수도 있다. 학생들은 긴장감을 느끼며 강의 내용을 놓치지 않기 위해 노트에 필기하고 이를 흡수한다. 이러한 학습 의식을 지닌 학생의 태도를 수동적이라고 보는 것은 편협한 시각이다.

한편, 기존 수업에서 진행하는 '음독(音讀)'도 두뇌의 활성화로 이어질 수 있다. 물론 음독은 소박한 활동이며, 이미 적혀 있는 내용을 단순히 소리 내어 읽는 것이 큰 의미가 없다고 생각하는 사람도 있으리라 생각한다. 하지만 뇌 과학 분야에서는 이러한 소박하고 단순한 활동이 두뇌를 활성화한다는 사례를 보여 준다. 막연하게 생각하고, 막연하게 인터넷으로 조사하고, 막연하게 토론을 하느니, 차라리 전통적 학습에서처럼 음독하고 계산 연습을 반복하는 편이 더 의식을 활성화하는 방법이 될 수 있다.

겉보기에 적극적이고 활동적으로 보이는 학습 형태가 반드시 학습의 질을 보장하는 것은 아니다. 진정으로 액티브한 수업을 만들려면 행위 자체보다 의식의 활성화가 중요하기 때문이다.

ICT는 얼마나 유용한가

ICT는 액티브 러닝 수업을 실현하기 위한 도구 중 하나다. 학습자가 컴퓨터, 태블릿 PC, 스마트폰 등의 ICT 기기로 그 자리에서 인터넷에 접속하여 조사를 하거나 교사가 ICT를 통해 학생들이 과제를 수행하는 과정을 지켜볼 수 있다. 즉 ICT는 주체적인 학습 및 교사와 학습자 간의 쌍방향 소통을 가능하게 한다.

예를 들어, 교사가 어떤 문제를 냈다고 가정하자. 학생들은 ICT 기기로 답을 기재한다. 그러면 교사는 손에 든 기기나 전자 칠판으로 학생들이 어떤 답을 얼마나 적었는지 확인할 수 있다. 학생의 상황을 정확히 파악하면 수업의 다음 단계를 어떻게 진행할지 방향을 설정하기에도 수월하다.

학습자 전원이 ICT 기기를 활용할 수 있는 환경이라면 즉석에서 조사하고 정보를 취합한 후 리포트를 작성하는 것도 가능하다. 발표 수업 시 학생들이 문자 정보를 동시에 전자 칠판으로 전송하는 기술도 있다. 이러한 활동을 할 수 있다면 학생이 주체적으로 정보를 찾아보려는 습관이 생기며, 자신의 생각을 다른 사람 앞에서 발표하는 데도 익숙해진다. ICT 기기를 도입하는 배경에는 이러한 기대감이 깔려 있다.

하지만 ICT 기기의 사용 역시 반드시 학습의 질 향상으로 이어지지는 않는다. 물론 ICT 기기를 사용하면 수업 시간이 덜 지루할 수 있다. 그러나 이 같은 방식이 전통적 학습 방식보다 지식 습득과 사고력 향상에 더 효과적이라는 보장은 없다.

학습 의욕이 학습의 질을 높인다

현대 사회에서 살아가려면 ICT를 활용하는 능력이 필요하다. 다양한 어플리케이션이 개발되고 학습 범위가 무한히 확장됨에 따라 지식의 깊이도 깊어진다. ICT 기기는 잘 활용하면 학습을 위한 최고의 무기가 된다. 그러나 지식을 진짜 자기 것으로 만들려면 편리한 도구보다는 자신의 손을 움직이고 목소리를 내서 학습하는 방법이 더 효과적일 수 있다.

초등학생과 중학생 때 오직 연필로 공책에 쓰고 적어 가며 외웠던 문제나 지식은 성인이 되어서까지 기억이 나는데, 인터넷으로 손쉽게 검색해서 얻은 지식은 금방 잊어버린 경험이 있을 것이다. 수업에서도 마찬가지다. ICT 기기를 활용하는 방식이 꼭 학력을 보장하는 것은 아니다.

교사는 ICT 기기의 편의성을 이용하여 학습자가 더욱 충실하고 유의미한 학습 방식을 익히도록 수업을 이끌어 나가야 한다. ICT 기기를 얼마나 효과적으로 활용할 수 있는가? 토론과 마찬가지로 이 또한 교사와 부모가 실력을 발휘할 수 있는 절호의 기회다.

도호쿠 대학 교수로 재직 중인 뇌 과학자 가와시마 류타는 교과서의 전자화를 둘러싼 심포지엄에서 도구가 편리해지고 간편해질수록 뇌는 활성화되지 않는다고 발표했다. 도구에 의존하면 학습자의 의식이 해이해질 수 있다는 뜻이다.

현재는 스마트폰으로 인터넷에 접속해서 동서고금의 학문적 지식을 접할 수 있는 길이 열려 있다. 달리는 전철 안에서도 백과사전에 수록된 지식 이상의 정보를 얻을 수 있다. 스마트폰이 무한한 지식의 보물 창고를 여는 문이 된 셈이다.

그러나 현실에서 스마트폰으로 학문적 지식의 보물 창고를 이용하는 사람은 많지 않다. 대다수의 사회인이 스마트폰을 게임이나 SNS의 도구로 활용하고, 음식이나 패션 상품을 검색하거나 음악을 듣고 즐기는 데 사용한다. 일본의 아오조라(靑空) 사이트에서는 저작권이 만료된 명작을 자유롭게 읽을 수 있지만 이를 이용하는 사람은 찾아

보기 힘들다. 아무리 학습 기기가 편리하고 가능성이 무한해도 사용자의 학습 의욕이 없다면 학습의 질은 높아지지 않는다.

다시 한 번 강조하건대, 핵심은 학습의 질이다. 질 높은 학습이 이루어질 수 있다면 경우에 따라서는 일방적 강의 형식도 문제는 없다. 그리고 아무리 겉보기에 활동적인 학습 형태를 띤다 해도 실상은 진지한 학습이 이루어지지 않는다면 진정한 액티브 러닝이라고 할 수 없다. 이 또한 우리가 오해하기 쉬운 '함정'이라는 사실을 잊어서는 안 된다.

전통적인 학교 교육으로는 부족했을까?

일본의 성적은 나쁘지 않다

'새로운 학력관'을 장려하면서 '개성을 살리지 않는 교육은 쓸모없다', '주체성을 기르지 않는 교육은 무용지물이다'라는 불안감을 조성하곤 한다. "일본인은 암기력은 좋으나 문제 해결형 능력은 떨어진다"라고 말하는 사람들도 많다. 기존 교육에 부족한 점이 수두룩하다고 불안감을 조장하면서 개성과 주체성을 중시한 교육으로 전환하려는 의도다. 이는 지금까지 종종 자행된 수법이기도 하다.

하지만 그들의 주장에 과연 현실성이 있을까? 앞에서 소개한 PISA 평가의 2012년 결과를 자세히 살펴보자(표-1).

65개 국가 및 지역의 15세 인구 51만 명(일본은 약 6,400명이 참가)을 대상으로 시행한 이 평가에서 일본은 수학 능력 7위, 독해 능력 4위, 과학 능력 4위를 차지하여 2000년 평가 결과보다 두 개 분야의 순위가 하락했다. 이 사실은 일본의 학력이 저하되었다는 주장의 한 가지 근거로 쓰였다. 그런데 이 결과가 정말로 학력의 저하를 의미할까?

표를 보면 일본은 세 분야 모두 비교적 상위권에 속하며, 일본보다 우위에 있는 곳은 상하이, 싱가포르 등 일본에 비해 현저히 규모가 작은 지역, 그것도 동아시아 지역임을 확인할 수 있다.

한편, 문제 해결 능력 교육이 '발달한' 본보기 국가로 자주 거론되는 미국은 수학 능력 36위, 독해 능력 24위, 과학 능력 28위를 차지했다. 또한 일본에서 미국 못지않게 자주 참고하는 북유럽 국가 스웨덴은 각각 38위, 36위, 38위였다. 물론 PISA 평가를 지나치게 믿는 것은 바람직하지 않지만 '새로운 학력관'의 근간과 관련된 '문제 해결 능력 평가'라고 불리는 시험에서 일본이 다른 유럽 국가보다 현저히 뛰어난 결과를 보였다는 사실은 무시할 수 없다.

교육의 '역설'

'미국과는 달리 일본의 교육으로는 개성과 주체성을 기를 수 없다',

표-1 PISA 2012년 평가 점수 국가별 순위*

순위	수학(math)	평균점수	독해(reading)	평균점수	과학(science)	평균점수
1	상하이	613	상하이	570	상하이	580
2	싱가포르	573	홍콩	545	홍콩	555
3	홍콩	561	싱가포르	542	싱가포르	551
4	대만	560	일본	538	일본	547
5	한국	554	한국	536	핀란드	545
6	마카오	538	핀란드	524	에스토니아	541
7	일본	536	아일랜드	523	한국	538
8	리히텐슈타인	535	대만	523	베트남	528
9	스위스	531	캐나다	523	폴란드	526
10	네덜란드	523	폴란드	518	캐나다	525
11	에스토니아	521	에스토니아	516	리히텐슈타인	525
12	핀란드	519	리히텐슈타인	516	독일	524
13	캐나다	518	뉴질랜드	512	대만	523
14	폴란드	518	호주	512	네덜란드	522
15	벨기에	515	네덜란드	511	아일랜드	522
16	독일	514	벨기에	509	호주	521
17	베트남	511	스위스	509	마카오	521
18	오스트리아	506	마카오	509	뉴질랜드	516
19	호주	504	베트남	508	스위스	515
20	아일랜드	501	독일	508	슬로베니아	514
21	슬로베니아	501	프랑스	505	영국	514
22	덴마크	500	노르웨이	504	체코	508
23	뉴질랜드	500	영국	499	오스트리아	506
24	체코	499	미국	498	벨기에	505
25	프랑스	495	덴마크	496	라트비아	502
26	영국	494	체코	493	프랑스	499
27	아이슬란드	493	이탈리아	490	덴마크	498
28	라트비아	491	오스트리아	490	미국	497
29	룩셈부르크	490	라트비아	489	스페인	496
30	노르웨이	489	헝가리	488	리투아니아	496
31	포르투갈	487	스페인	488	노르웨이	495
32	이탈리아	485	룩셈부르크	488	헝가리	494
33	스페인	484	포르투갈	488	이탈리아	494
34	러시아	482	이스라엘	486	크로아티아	491

진정한 학력

35	슬로바키아	482	크로아티아	485	룩셈부르크	491
36	미국	481	스웨덴	483	포르투갈	489
37	리투아니아	479	아이슬란드	483	러시아	486
38	스웨덴	478	슬로베니아	481	스웨덴	485
39	헝가리	477	리투아니아	477	아이슬란드	478
40	크로아티아	471	그리스	477	슬로바키아	471
41	이스라엘	466	터키	475	이스라엘	470
42	그리스	453	러시아	475	그리스	467
43	세르비아	449	슬로바키아	463	터키	463
44	터키	448	키프로스	449	아랍에미리트연방	448
45	루마니아	445	세르비아	446	불가리아	446
46	키프로스	440	아랍에미리트연방	442	칠레	445
47	불가리아	439	칠레	441	세르비아	445
48	아랍에미리트연방	434	태국	441	태국	444
49	카자흐스탄	432	코스타리카	441	루마니아	439
50	태국	427	루마니아	438	키프로스	438
51	칠레	423	불가리아	436	코스타리카	429
52	말레이시아	421	멕시코	424	카자흐스탄	425
53	멕시코	413	몬테네그로	422	말레이시아	420
54	몬테네그로	410	우루과이	411	우루과이	416
55	우루과이	409	브라질	410	멕시코	415
56	코스타리카	407	튀니지	404	몬테네그로	410
57	알바니아	394	콜롬비아	403	요르단	409
58	브라질	391	요르단	399	아르헨티나	406
59	아르헨티나	388	말레이시아	398	브라질	405
60	튀니지	388	인도네시아	396	콜롬비아	399
61	요르단	386	아르헨티나	396	튀니지	398
62	콜롬비아	376	알바니아	394	알바니아	397
63	카타르	376	카자흐스탄	393	카타르	384
64	인도네시아	375	카타르	388	인도네시아	382
65	페루	368	페루	384	페루	373
	OECD 평균	494	OECD 평균	496	OECD 평균	501

국명	OECD 가맹국	평균점수	OECD 평균보다 통계적으로 유의하게 높은 국가 및 지역
국명	OECD 미가맹국	평균점수	OECD 평균과 통계적으로 유의차가 없는 국가 및 지역
		평균점수	OECD 평균보다 통계적으로 유의하게 낮은 국가 및 지역

* 원서 출간 이후 발표된 2015년 결과표는 책 말미에 붙임.

'미국처럼 각 학생의 개성을 꿰뚫어 보고 천재를 만들어 내는 교육을 해야 한다'고 주장하는 사람들이 많은데, 과연 실제로도 그런지 생각해 보자.

결론부터 말하자면, 현재 일본이 본보기로 삼을 만한 국가는 없다고 생각한다. 미국이 문제 해결형 교육에 초점을 맞추고 액티브 러닝을 잘 활용한다지만 문제 해결 능력의 평가 결과가 이 정도라면 과연 성과가 있다고 해야 할지 의구심이 든다. 적어도 본보기로 삼기에는 부족해 보인다. 더구나 미국 내 경제 격차와 교육 격차가 점점 심해지는 현상을 보면 우리가 지향해야 할 사회의 모습이 그곳에 있어 보이지는 않는다.

물론 여러 문제점은 있을지언정 일본은 비교적 평화롭고 안전하며 깨끗한 사회이자, 생산성과 서비스의 질이 높은 국가다. 현재로서는 일본보다 평화롭고 안전하며 가능성이 높은 국가를 찾기란 그리 쉽지 않다. 이처럼 수준 높은 문화와 경제력을 겸비한 사회를 단지 '지금까지의 방식은 낡아 빠졌다'라는 이유로 내치는 것은 사실적 기초가 결여된 판단이다.

역사를 거슬러 올라가 메이지 유신을 성공적으로 이끈 주역들을 '학력'이라는 측면에서 관찰하면, 이들은 소독(素讀, 글의 의미를 이해하지 않고 글자만 음독하는 일-옮긴이) 중심의 전통적인 교육을 받은 사람들이

진정한 학력

다. 문제 해결과는 거리가 먼 학습을 해 온 사람들이 현실로 닥친 식민지화의 위협으로부터 나라를 구하고 유럽 열강을 따라잡는 커다란 과제를 해결한 셈이다.

또한 제2차 세계 대전 이후 불타 버린 황무지에서 일어나 일본을 세계 2위의 경제 대국으로 성장시키고, 평화적이고 민주적인 사회를 건설한 이들 역시 전쟁 이전에 교육을 받은 세대다. 개성이나 주체성과는 동떨어진 교육을 받은 사람들이 1940~1950년대에 폭발적인 학습 의욕을 보이며 국가적 문제를 해결해 낸 것이다.

즉 일본 근대사에서 가장 주체적으로 활동하고 문제를 해결한 세대는 현대에서 말하는 '전통적 교육'을 받은 사람들이라는 사실을 분명히 인식해야 한다.

교육에는 역설이 있다. 개성을 존중하자는 슬로건 아래 교육 개혁을 진행해 온 지난 30여 년간 과연 개성화는 이루어졌는가? 나는 오히려 19세기 후반에서 20세기 초반에 태어난 사람들이 더욱 정신적으로 강인하고 개성적이었다고 생각한다. 유토리 교육 시기에 교육을 받은 학생들이 그 '유토리'를 활용하여 이전 세대가 하지 못한 주체적인 공부를 하고, 지적 호기심을 바탕으로 학습에 임했다고 보기는 힘들다. 단지 공부 시간이 줄어들었을 뿐이라고 하는 편이 옳을지도 모른다.

교육 현장에서 그럴듯한 이상만 내세우는 것은 바람직하지 않다. 설령 최선은 아닐지라도 현실적으로 일정 효과가 보장되고, 확실하면서도 안정적인 교육 방법을 제안하는 것 또한 어른들의 중요한 책임이다.

동아시아의 강점

다시 2012년 PISA의 결과로 돌아가면, 대체로 동아시아 국가와 지역이 순위에서 상위권을 차지한다는 사실을 확인할 수 있다. 거듭 설명하지만 PISA는 암기 중심의 학력 시험이 아닌 문제 해결 능력의 평가다. 그렇다면 여기에도 역설이 존재할 수 있다.

대개 동아시아 국가들은 공부에 대한 의욕이 높은 것으로 알려져 있다. 한국과 중국에서는 고등학교와 대학 입시 때 상당히 치열한 경쟁이 펼쳐진다. 흥미나 관심보다는 시험을 통과하기 위한 학력을 습득하기 위해 매일 밤늦게까지 필사적으로 공부한다. 주로 암기와 문제 풀이 연습이다. 그야말로 전통적 학력 시험에 대비하여 전통적 학습법으로 꾸준하고 성실하게 공부하는 것이 동아시아 국가의 일반적인 학습 방식이다.

이러한 배경에는 과거(科擧)를 치르던 전통의 영향이 있으리라 추측

된다. 옛 중국에서는 《사서오경》을 암기하여 지식을 습득하는 것이 관직에 오르는 길이었고, 이를 위한 시험이 과거였다. 암기 위주의 공부가 미래를 여는 기회가 되고, 과거 시험을 통과한 이들이 중요한 관직에 기용될 수 있었던 중국의 시스템이 한국과 일본에도 영향을 준 것이 아닐까?

물론 '지식 주입식' 과거형 시험에 대한 비판의 목소리도 있다. 사고력, 인간성 그리고 의욕을 더욱 중시해야 한다는 비판은 타당하다. 그러나 이른바 '과거 문화권'에 있는 동아시아 국가들이 문제 해결 능력 평가에서 상위권을 독점하고 있다는 사실은 주목할 만하다. 전통적인 과거형 시험을 목표로 공부하는 지역이 문제 해결 능력 면에서 더 뛰어나다는 '교육의 역설'이 실제로 발생했기 때문이다.

우선은 유럽식 액티브 러닝을 본격적으로 도입하지 않은 국가들이 오히려 문제 해결 능력 평가에서 우수한 결과를 보였다는 사실에 주목하며 지나치게 서두르지 않았으면 한다. 한때 이 평가에서 상위권을 차지했던 핀란드는 사고력을 기르는 교육 방법을 실천한다고 해서 세간의 관심을 모았다. 물론 이러한 교육 방법에는 장점도 있지만 2012년 평가에서 핀란드는 세 분야 모두에서 일본보다 하위에 머물렀다.

일본식 액티브 러닝의 역사

그런데 사실 일본이 지금껏 전통적 학력에만 관심을 기울이고 문제 해결형 학습은 뒷전으로 미루었던 것은 아니다. 일례로, 일본의 초등학교는 이미 일본식 액티브 러닝을 70여 년간 시행해 오고 있다. 아이들이 조사한 내용을 모조지에 적고 친구들 앞에서 발표하거나 반에서 해야 할 일을 학급 회의에서 결정하는 방식은 액티브 러닝이나 다름이 없다.

교사들은 질문을 연구하고 반 학생들이 깊이 생각할 수 있도록 수업을 활성화한다. 또한 반 활동을 기본으로 여러 수업에서 토론식 학습을 진행하고 있다. 일본의 초등학교에서는 1940년대 후반부터 이러한 대화식의 협동적인 액티브 러닝을 지향하고 실천해 왔다. 그 경험이 차곡차곡 쌓여 PISA형 문제 해결 능력 평가에서 우수한 성적을 얻었는지도 모른다.

양론으로서의 두 가지 학력

초등학교뿐 아니라 중·고등학교에서도 교사의 재량으로 액티브 러닝을 실천하고 있는 곳이 많다. 정확히 말하면, 액티브 러닝이라는

진정한 학력

명칭이 없었던 시절부터 꾸준히 이에 해당하는 수업을 실천해 왔다.

'전통적 학력관'이 주류였던 1950~1960년대에도 훌륭한 교사들은 학생 개개인의 깨달음을 촉진하고, 학생들 간의 상호 활동을 통해 더 높은 수준의 지식을 가르쳤으며, '새로운 학력관에 입각한 실천'을 앞장서서 시행했다. 수업에서 학생들의 의욕을 높이기 위해 다방면으로 연구하는 동시에 전통적 학력을 양성하는 결과를 냈다.

'재미있다'는 감동의 기쁨과 '할 수 있다'는 습득의 기쁨 두 가지를 모두 달성한 교사들이 많았던 셈이다. 이러한 능력 있는 교사들의 실천을 전문적으로 연구해 온 나로서는 '액티브 러닝'이라는 유행어를 지나치게 선전한 나머지, 지금까지의 교육은 마치 쓸모없다는 듯 왜곡하는 것은 커다란 오해와 편견이라고 생각한다.

30년 가까이 교원 양성에 종사하며 느끼는 바는 일본의 초·중·고등학교 교사들은 대단히 열정적으로 학생들을 지도하고 있다는 사실이다. 그 노력은 아무리 강조해도 지나치지 않는다. 외국의 '선진' 교육 방법을 도입하려고 애쓰는 일은 이제 그만두고, 지난 70여 년간 교육 현장에서 교사들이 시행착오를 거듭하며 실천해 온 결과를 제대로 평가하는 것이 중요하다. 암기를 중시하는 전통적 학력과 주체성을 존중하는 새로운 학력 중 어느 한쪽이 우월하다거나, 어느 한쪽만 길러야 한다는 얘기가 아니다. 두 학력이 양론(兩論)을 이루는 것이 진정한 학력이라면, 어느 시대에서나 능력 있는 교사들은 학생들의 진정한 학력을 기를 수 있다.

오히려 현재 일본에서 액티브 러닝을 도입해야 할 곳은 다름 아닌 대학이라고 생각한다. 대학은 미국 일류 학교의 액티브 러닝에서 배울 점이 많지만 이 이야기는 여기서 접어 두고 지금까지 일본의 초·중·고등학교에서 시행해 온 훌륭한 지도 사례를 살펴보고자 한다.

글짓기의 가능성

실제로 문부과학성에서 제시한 '새로운 학력관' 관련 지도 방침을 보면 '이런 활동은 지금까지 학교에서 이미 실천해 오던 것 아닌가'라고 생각되는 내용이 많다.

이를테면, 학교에서 누구나 해 본 경험이 있는 '글짓기'가 이에 해당한다. 새로운 학력의 주요 평가 방법 중 하나는 앞에서 살펴본 리포트다. 그렇다면 리포트와 글짓기는 어떻게 다를까? 글짓기라는 교육 문화를 '새로운 학력관'과 연동하여 발전시킬 수는 없을까? 글짓기의 가능성은 무엇일까?

일본의 초등 교육에서는 전통적으로 글짓기를 중시해 왔다. 운동회나 소풍 등 행사가 끝나면 꼭 글짓기 시간을 마련하여 '감상'을 쓰도록 했다.

　이러한 글짓기 수업이 '정말 도움이 되었는가'라고 묻는다면 긍정적인 의견과 부정적인 의견으로 나뉜다. 긍정적인 의견으로는 '글쓰기가 익숙해졌다', '체험을 언어로 표현함으로써 경험이 더욱 생생하게 남았다' 등이 있다. 반면에 '글은 썼지만 실제 도움이 되었다는 느낌은 들지 않는다', '늘 비슷한 주제의 비슷한 글만 써서 시간이 아까웠다'라는 부정적인 의견도 있다.

　글짓기는 일본의 교육 문화라고 해도 무방할 만큼 긴 역사를 자랑한다. 그 대표적인 사례가 '생활 글짓기' 교육이다. 1910년 무렵에 등장한 교육 방법으로, 아이들은 자신의 생활을 되돌아보고 이를 소재로 솔직하게 글을 썼다. 자신의 생활을 취재하고 구상한 후 기술하고 퇴고하면 자신의 생활을 표현할 수 있다.

　교과서가 일반적인 학문의 성과가 결집된 것이라면, 생활에 근거한 '생활 글짓기'는 개인의 일상이 소재가 된다. 운동회를 주제로 글짓기를 하면 학생들이 대체로 비슷한 글을 쓰게 된다. "이어달리기 경주에 나가게 되어 기뻤다", "2인 3각 달리기가 재미있었다" 등의 깊이 없는 감상을 나열하기 쉽다. 이를 전적으로 학생들 책임으로 돌릴 수만은 없다. 운동회라는 동일한 소재를 주었기 때문에 내용이 비슷해지는 것이다.

이에 반해 아이들의 일상생활은 다양한 모습을 보여 준다. 가족 구성원도 다르거니와 부모의 직업도 천차만별이다. 가정의 분위기도 다르고 아이들의 위치도 제각기 다르다. 가족의 성격까지 들여다보면 유일무이한 현실감이 생기고, 이 현실감을 정확히 기술하고 묘사하면 훌륭한 자기표현이 완성된다. 한 개인이 자신은 물론 자신을 둘러싼 세계까지 묘사하는 것이 종합적인 자기표현이기 때문이다.

생활 글짓기 운동의 전개

생활 글짓기 운동의 역사를 간단히 살펴보면, 본격적인 시작은 1929년 사사오카 다다요시가 〈글짓기 생활〉이라는 잡지를 창간하면서부터다. 1930년에는 도호쿠 지방 아키타 현의 청년 교사들을 중심으로 잡지 〈북방교육〉이 출간되었다. 이 잡지의 취지는 생활 글짓기를 통해 사회 과학적 관점으로 생활을 관찰하는 눈을 기르자는 것이었으며, '북방성 교육'이라고도 불렸다.

1930년대의 생활 글짓기 운동 이전에는 아시다 에노스케의 '수의선제(随意選題)'와 스즈키 미에키치 등이 1918년에 창간한 잡지 〈붉은 섬〉 운동이 그 흐름을 이끌었다.

아시다 에노스케의 주장은 요컨대, 글짓기 주제를 학생들이 자유롭

진정한 학력

게 선택하도록 기회를 주자는 것이었다. 그전까지의 글짓기 수업에서는 '꽃놀이'라는 주제를 주고, 전원이 꽃놀이에 관해 글을 쓰게 했으며, 더구나 글짓기에 인용해야 할 정형문이 규정되어 있었다. 이런 틀에서는 아이들의 개성이 발휘되지 않는다. 아시다 에노스케는 아이들에게 스스로 글짓기 주제를 선택할 기회를 부여하여 각 개인이 흥미를 느끼는 대상에 관해 쓰도록 제안했다.

스즈키 미에키치가 이끈 〈붉은 섬〉 운동의 골자는 아이들의 생동감 넘치는 감각과 가치관을 소중히 여기고, 이들이 자신들의 '솔직한' 감각을 문장으로 표현해야 한다는 것이다. 실제로 많은 아동들의 작품이 〈붉은 섬〉에 게재되었다. 〈붉은 섬〉 운동은 아이들의 작품을 하나의 문학으로 평가하는 장을 마련했다는 데 큰 의미가 있다.

이러한 '생활 글짓기' 운동의 초기 역사에 이어 제2차 세계대전 이후에는 1951년에 창간된 〈메아리 학교〉가 주목을 받았다. 〈메아리 학교〉는 야마가타 현의 중학교 교사인 무치야쿠 세이쿄가 제자들의 생활 기록을 모아 출판한 책이다.

이와 같은 글짓기 교육에서는 아이들이 스스로 주제를 발견한다. 그야말로 학생 개개인의 의욕과 관심을 요구하는 새로운 학력과 본질적으로 이어지는 지점이다. 본래 아이들은 각자의 가정 환경에서 살아가며 생활한다. 그 생활을 세부적으로 관찰하고 기술하다 보면 주위를 보는 시각이 깊어지는 동시에 자신의 감정도 깨닫게 된다.

이때는 글을 잘 썼는지 못 썼는지가 아니라 자신과 자신의 생활을 있는 그대로 마주했는지가 더 중요하다. 한때 '자아 성찰'이라는 말이 유행한 적이 있는데, 생활 글짓기 운동이야말로 개인의 생활을 글짓기로 표현하여 자아를 성찰하는 행위였다.

생활 글짓기 운동은 국어 교육의 일환이었지만 국어라는 교과의 틀을 넘어 생활 전반으로 확산된 교육 운동이기도 했다.

명작 《글짓기 교실》

구체적인 예를 들어 보자. 생활 글짓기 운동의 대표적인 성과 중 하나는 초등학생 도요다 마사코의 글을 엮어 펴낸 《글짓기 교실》이다. 도쿄 변두리에 사는 양철공 일가의 생활을 소재로 그 집 딸인 마사코가 쓴 글로 이루어져 있다. 도요다 마사코는 일곱 편의 작품을 〈붉은 섬〉에 직접 투고했다.

그중 하나인 〈자전거〉에는 아버지의 자전거를 도둑맞은 사건이 담겨 있다. 자전거를 도둑맞아서 큰일이라는 가족의 대화에 이어 도보로 출근하게 된 아버지의 노고가 전개된다.

진정한 학력

"뒤쪽으로 가면 좋았을 텐데. 아주 근사한 담장이 둘러져 있으니까."

엄마는 또다시 아버지를 쳐다보았습니다.

"그래, 맞아. 나도 지금은 그렇게 생각하지만 뭐 이제 와서 어쩌겠어. 그나저나 어떤 놈이 가지고 간 거야? 생각 없는 놈. 나같이 어렵게 사는 사람 물건을 슬쩍하다니. 게다가 비싼 끈이 세 줄이나 달려 있었다고. 내가 진짜 이렇게 살기 어려운데 말이야, 젠장. 곱게 못 죽을 거야."

아버지는 이렇게 불만을 터뜨리며 무거운 듯이 고무장화를 벗었습니다.

다다미방으로 올라간 아버지는 화로 옆에서 책상다리를 한 채 고개를 숙이고 생각에 잠겼습니다. 어머니는 한 손을 벌리고 양쪽 관자놀이를 문지르며 아버지와 말없이 마주 앉았습니다. 저도 왠지 슬퍼졌지만 얼마 후 잠이 들었습니다.

(중략)

12월 말에 벌어진 일이라 이미 연말 준비는 해 놓았지만 새 자전거를 사는 데 돈을 쓰는 바람에 미노보와 미쓰보의 기모노만 사고 내 기모노는 결국 사지 못했습니다. 평소라면 집에 돌아와서 투덜거리며 울었을 텐데, 어머니와 아버지가 난처해한다는 사실을 알고 있으니 그러지도 못했습니다. 정말이지 작년 말의 일을 떠올리면 돈 한 푼도 허투루 쓸 수가 없습니다.

이탈리아의 네오리얼리즘 영화 〈자전거 도둑〉(1948년)은 패전 이후 갓 직장을 잡은 남성이 자전거를 도둑맞아 경찰에 신고했다가 무시 당하고, 자신이 직접 찾아다니던 끝에 결국 남의 자전거를 훔치게 된 다는 비애를 그린 작품이다. 〈자전거〉에서도 이와 비슷한 리얼리즘 이 느껴진다.

가와바타 야스나리는 도요다 마사코의 글을 다음과 같이 높이 평가 했다. "아무리 노련한 작가라도 이 아이의 문장을 접하면 스스로 반 성할 점이 생길 것이며, 또한 당해 낼 재간이 없으리라 생각될 것이 다. 왜냐하면 이 글에서 문학의 고향의 원천을 발견할 수 있기 때문 이다. 그리고 어떤 아이든 어른이든《글짓기 교실》과 같은 마음의 눈 을 내면에 가지고 있어야 문학은 성립된다. 이런 생각을 하게 해 준 것은 소녀 도요다 마사코 양의 넓고 끝없는 공헌이다."

《글짓기 교실》은 영화와 연극으로도 만들어진 기록 문학의 명작이 다. 생활의 실태를 목격하고 허식 없이 기술하는 눈을 지니는 것은 '살아가는 힘'의 강점과 관련이 있고, 그 강점은 생활을 직시하고 문 장으로 표현함으로써 익힐 수 있다.

과거 속에 힌트가 있다

'새로운 학력'이라고 불리는 문제 해결형 학습에서는 사례 연구가 자주 등장한다. 여기서 '사례'란 자신이 처한 생활의 절실한 문제보다는 주로 어떠한 상황 속에서 설정된 문제가 많다. 예를 들면, '~라는 문제가 있다. 어떻게 해결할 것인가'라는 형태의 질문이 주어진다. 학생들이 대화하고 해결하는 활동은 중요한 행위지만 그것이 학생 개인에게 얼마나 절실한지는 별개의 문제다.

생활 글짓기의 장점은 개인의 생활, 즉 다른 누구의 것과도 바꿀 수 없는 자신의 생활을 응시한다는 점이다. 문제 해결형 문답을 연습해 패턴을 익히고 지적으로 해결하는 능력을 키우는 활동도 물론 의미가 있다. 그러나 진정한 의욕과 관심이란 이러한 사례 연구의 패턴 연습과는 다른 차원에 있지 않을까?

생활 글짓기는 일본의 교육사에 길이 남을 업적이다. 여기에는 운동회나 소풍에 대한 글짓기와는 다른 심오한 차원의 사고와 기술이 있다. 생활 글짓기 운동을 새로운 학력이라는 관점으로 다시 보는 것은 일본식 자기표현의 전통을 재평가하는 일이기도 하다.

새로운 학력을 논할 때 '액티브 러닝'이나 '미디어 리터러시' 등의 외래어가 키워드로 쓰이는 경우가 많다. 그러나 지금까지의 국내 교육의 성과는 세계 어디에 내놓아도 손색이 없다. 생활 글짓기를 비롯한 국어 교육, 향토 학습을 발전시킨 사회 교육, 실험을 중시한 과학 교육 등 국내 교사들이 쌓아 올린 성과는 그야말로 오늘날 추구하고 있는 새로운 학력을 실천한 결과물이다.

액티브 러닝이라는 이름만 듣고 마치 새로운 무언가가 시작되었다고 여겨서는 안 된다. 외국에서 시작된 새로운 물결이라고 무조건 새로운 학력을 받아들일 것이 아니라 지금까지의 훌륭한 교육 실천을 재평가하는 것이 본질적인 액티브 러닝의 힌트를 얻을 수 있는 왕도라고 생각한다.

미래의 교육이 진정으로 추구하는 것은 무엇인가? 진정으로 필요한 학력은 무엇인가? 이에 대해서는 다음 장에서 고찰해 보기로 한다.

제 3 장

진정으로
추구해야 할 학력

'양손'의 지혜

지식 습득의 중요성

앞 장에서 '새로운 학력'을 추구하는 교육의 몇 가지 문제점에 관해 살펴보았다. 그렇다면 우리가 해야 할 일은 무엇일까? 진짜 '살아가는 힘'을 기르기에 적합한 교육 방법과 학습 방식은 무엇일까?

결론부터 말하자면, 전통적 학력이 지향하는 기본 지식 습득 중심의 교육 '내용'을 새로운 학력에서 지향하는 '방식'으로 학습하는 것이다.

먼저, 전통적 학력에서 중시해 온 기본 지식 습득의 중요성을 생각해 보자. 대학의 법학부와 의학부의 학습을 생각하면 이미지를 떠올리기 쉽다.

진정한 학력

예를 들어, 똑같은 문과라도 문학부와는 달리 법학부의 커리큘럼은 모든 학생이 헌법, 민법, 형법 등의 기초 지식을 배워야 하는 식으로 비교적 명확히 정해져 있다. 아무리 '주체성'과 '자유로운 발상'이 중요하다고 해도 기초적인 법률 지식을 제대로 익히지 않으면 현실의 복잡한 문제를 마주했을 때 법적 관점에서 사고할 수 없기 때문이다.

마찬가지로 의학부도 해부학, 면역학 등 의료계에 종사하기 위해 반드시 필요한 지식이 필수 과목으로 정해져 있다. 의학부 교수의 말에 따르면, 의학부 학습의 95퍼센트가 암기를 요하는 지식이고, 습득해야 할 기본 지식의 양이 너무도 방대해 암기하는 것 자체가 심히 버거울 정도라고 한다.

이 같은 암기 지식은 기초 지식으로서 이에 대한 학습이 안 되어 있으면 병원 현장에서 오진을 할 가능성이 크다고 한다. 아무리 훌륭한 인성과 사고력을 갖추었다고 해도 기본적인 의학 지식이 뒷받침되어 있지 않으면 환자를 적절히 치료할 수 없다는 것이다. 체계적인 지식 습득은 없이 문제 해결 능력만 단련한다면 실제 상황에서 문제가 발생할 수도 있다는 것을 단적으로 보여 주는 사례다.

물론 문제 해결 능력은 현대 사회에 꼭 필요한 능력이다. 그러나 지나치게 일반화할 경우 '문제 해결 능력만 있으면 그걸로 족하다'라는 심각한 오류에 빠질 수 있다. 사회의 여러 영역에는 각각에 필요한 전문적 지식이 있으며, 이를 배우려면 체계적인 학습이 불가피하다. 물리학에서는 체계적인 물리학 지식이 필요하다. 아무리 문제 해결 능력이 뛰어나도 전문적인 물리적, 수학적 지식을 구사하지 못한다면 어려운 문제에 봉착했을 때 성과를 낼 수 없다.

전통적 학력은 학문적 지식의 습득을 중시한다. 학문적 지식은 인류가 쌓아 올린 지적 문화유산이기 때문이다. 가치 있는 학문을 쉽게 학습할 수 있도록 체계적으로 순서를 정한 것이 커리큘럼이고, 그 커리큘럼대로 학습하면 지식을 얻기에 용이하다.

이러한 학습 방법은 확실히 수동적이다. 문제를 스스로 설정할 수 없을뿐더러 개인의 호기심을 바탕으로 지식을 재구성할 수도 없다. 그러나 기본 지식을 철저히 습득한 사람은 평생 그 지식을 활용할 수 있다.

'단순 암기는 시대착오적이다'라는 일견 타당해 보이는 주장만을 믿고 인류가 쌓아 올린 소중한 지적 문화유산의 습득을 소홀히 한다면 매우 안타깝고 애석한 일이 아닐까.

종합적인 학력

새로운 학력이란 특정 학문 영역에 대응하는 개념이 아니다. '사고

진정한 학력

력'이라는 사물에 대한 생각 자체를 중심으로 하기 때문에 새로운 학력의 배경이 되는 학문 체계는 사실 모호하다. 따라서 '새로운 학력'이라는 명칭의 과목을 만들기는 어렵다.

눈앞의 문제 상황을 분석하고 그로부터 과제를 발견하여 이를 해결하는 데 필요한 정보를 수집한 후 타인과 협동 작업을 하는 것, 이는 지식의 내용이 아니라 학습의 방법이다. 문제를 발견하고 그룹에서 토론을 통해 해결 방법을 찾아내는 과정 자체가 새로운 학력의 본질이다.

하지만 오히려 그렇기 때문에 기존 과목과 얼마든지 결합할 수 있다. 나는 바로 이 점을 강조하고 싶다. 새로운 학력을 기르는 수업은 기존의 전통적 과목과 얼마든지 병립 가능하다는 것이다.

예를 들어, 국어 시간에는 기초 지식을 학습한 후 문제 해결형 학습을 토대로 질문한다. 아쿠타가와 류노스케의 《라쇼몬》이 주제라면, '하인이 그런 행동을 한 배경은 무엇일까', '노파를 상대한 하인의 심경은 어떻게 변했을까' 혹은 '그 후 하인은 어떻게 되었을까'와 같은 질문들을 생각하고 사고를 심화해 나간다. 이는 새로운 학력에 가까운 독해력이라 할 수 있다.

수학, 과학, 사회, 영어 과목에서도 새로운 학력에 알맞은 학습 방법을 생각해 낼 수 있다.

사회는 대표적인 암기 과목이지만 질문을 생각해 내는 방법에 따라 얼마든지 사고력을 기를 수 있다. 예컨대, '2016년 과반수의 영국 국민들은 왜 EU 탈퇴를 선택했을까'에서 나아가 'EU는 역사적으로 어떻게 만들어졌으며 앞으로 어떻게 변화하리라 예상되는가'라는 물음을 던질 수 있다. 답변을 찾기 위해 역사 교과서나 신문 기사 등의 자료를 조사하고 토론을 진행한다. 이를 통해 EU에 관한 지식을 얻는 동시에 복잡한 문제에 대처하는 문제 해결 능력을 훈련하게 된다.

그 밖에도 '종교 개혁은 왜 일어났을까', '시민 혁명은 그 후 세계에 어떤 영향을 미쳤을까', '사회주의 사상을 실현한 소련은 왜 붕괴했을까' 등 질문 방식에 따라 사회 과목의 지식을 습득하면서 새로운 학력까지 훈련할 수 있다.

체계적인 지식을 문제 해결형 방법으로 학습함으로써 한편으로는 기본 지식을 습득하고 또 한편으로는 문제 해결 능력을 단련한다. 즉 오른손으로는 체계적 지식을 붙잡고 왼손으로는 문제 해결 능력을 붙잡아 양손으로 현실에 대처해 나가는 것이다. 나는 이 '양손'의 지혜야말로 우리가 지향해야 할 종합적인 학력이라고 생각한다.

도쿄대 논술 문제

．．．．．．．．．．．．．．．．

암기 중심의 전통적 학력을 고수해야 할까, 아니면 문제 해결형의 새로운 학력으로 전환해야 할까? 두 가지를 모두 추구하는 것은 언뜻 불가능해 보이지만 오른손과 왼손으로 두 마리 토끼를 동시에 쫓는 일은 가능하다. 적당한 문제를 게임하듯이 즉흥적으로 풀어 봐야 체계적인 학문 지식은 얻지 못한다. 그러나 체계적인 지식에 문제 해결형 사고를 결합하면 두 마리 토끼를 잡을 수 있다.

2016년 도쿄 대학 입시에 출제된 다음 세계사 문제를 살펴보자.

제2차 세계대전 이후 세계 질서를 규정한 냉전은 1989년 몰타 회담과 베를린 장벽의 붕괴로 종결되었으며, 대체로 이 사건은 현대사의 분기점으로 여겨진다. 그러나 미국과 소련, 유럽 이외의 지역을 보건대 냉전의 종결이 반드시 세계사 전체의 전환점이 되었다고 할 수는 없다. 미국과 소련의 '신(新)냉전'이라고 불린 시대에 세계 각지에서 1990년대 이후로 변화가 일어나고 있었던 것이다.

위의 사실을 토대로 1970년대 후반부터 1980년대까지의 동아시아, 중동, 중미, 남미의 정치 상황의 변화에 대해 논하라. 답변은 (중략) 20줄 이내로 기술하되 반드시 다음 여덟 가지 키워드를 한 번 이상 사용하고 그 밑에 줄을 그을 것.

〈NIES(아시아의 신흥 공업 경제 지역), 이란 이슬람 공화국, 그레나
다, 광주 민주화 운동, 사담 후세인, 시나이 반도, 덩샤오핑, 포클랜
드 분쟁〉

도쿄 대학 입시에서는 매년 이러한 논술 문제가 출제된다. 몇 가지
제시된 키워드를 이용하여 논리적인 글을 쓰도록 요구하는 형태다.
이 문제를 풀려면 기본적인 역사 지식이 필요하다. 그러나 'ㅇㅇ년에
△△가 일어났다'와 같은 일문일답식 암기만으로는 직접 역사의 흐름
을 재구성하고 논술하기 어렵다. 평소에 '왜 그렇게 될까'라는 의문을
던지고 흐름을 파악하는 문제 해결형 사고가 필요하다.

역사적 지식이 없으면 적당히 답을 쓰는 수밖에 없다. 그렇다고 용
어를 암기하기만 해서는 흐름을 기술할 수 없다. 도쿄 대학의 세계사
문제는 '지식의 암기'와 논점을 정리하여 기술하는 '문제 해결 능력'이
일체화되어야 풀 수 있다. 대학 입시 문제가 이와 같은 형태라면 그
에 대응하는 공부법도 지식 암기와 문제 해결을 모두 포함한 방식이
어야 한다.

이에 반해 교과서에서도 거의 다루지 않는 매우 자잘한 지식을 묻
는 대학도 있다. 이러한 문제를 풀려면 오로지 암기에 의존하는 수밖

에 없다. 결국 수험자의 공부 방식은 시험 문제의 질에 따라 결정되는 셈이다. 어떠한 역량을 학력으로 인정하고, 어떠한 시험 문제를 출제할 것인가가 학습에 결정적인 영향을 미친다.

사회에서 진정으로 요구하는 능력

제1장에서 살펴보았듯이 새로운 학력관에서는 배우려는 의욕 자체가 평가를 받는다. 따라서 학생들은 적극적으로 문제를 해결하려는 자세를 보여야 한다. 그렇다고 기존의 전통적 교육을 받으며 시험을 치른 학생들의 의욕이 떨어진다고 할 수는 없다.

지적 호기심을 발동시켜 문제에 접근해 리포트를 쓴 학생만이 의욕적이라는 생각은 타당하지 않다. 매일 체계적인 지식을 꾸준히 훈련하고 습득해 온 사람만이 지니는 이른바 '인내하는 학력' 역시 합당한 평가를 받아야 마땅하다.

학교를 졸업하고 사회에 나갔을 때를 생각해 보자. 직장에서 업무를 할 때 필요한 지식은 자신이 흥미와 관심을 느끼는 분야에 국한되지 않는다. 부서가 바뀔 때마다 새롭게 배워야 할 기본 지식이 대량으로 쏟아진다. 새로운 지식을 암기하고 활용하는 것은 전통적 학력을 훈련해 온 사람의 특기다. 많은 직장에서 이미 정해져 있는 업무 내용을 제대로 운용하고 일의 순서를 파악하여 일정 시일 내에 성과를 올리도록 요구하고 있는데, 이는 전통적 학력을 쌓아 온 사람에게는 익숙한 활동이다.

흔히 "사회에서 필요한 능력은 학교에서처럼 암기가 아니라 문제 해결형 능력이다"라고 하지만 이는 사실이 아니다. 전문 분야에서 일하려면 우선 그에 필요한 지식을 암기해야 한다. 매뉴얼을 암기하고 기술적으로 활용하는 능력은 전통적 학력에 가깝다. 현실 문제에 유연하게 대처하는 문제 해결 능력은 그 이후에 요구되는 것이다. 여기서도 두 마리 토끼를 잡을 필요가 생긴다.

의욕을 끌어 내는 두 가지 경로

새로운 학력에서는 배우려는 의욕을 기본으로 생각하기 때문에 개인의 흥미와 호기심이 중시된다. 확실히 개인의 흥미와 호기심에서 출발하는 학습은 이상적이다. 그러나 미적분 공식, 기체의 상태 방정식과 운동 방정식, 고전 문법 따위에 과연 얼마나 많은 학생들이 '자연스럽게' 흥미와 호기심을 느낄까?

학생들이 어려운 과목이나 싫어하는 과목도 '공부해야 한다'고 생각하는 이유는 시험과 평가라는 강제성이 있기 때문이다. 비록 이 같은 강제성에 의해 공부를 시작했더라도 공부를 하는 과정에서 점차 배움의 기쁨을 맛보고, 그러면서 스스로 배우려는 의욕이 생기기도 한다. 어느 정도의 강제성이 없다면 재미를 느낄 수 있는 공부를 발견하기도 전에 포기하는 일이 생길 수도 있다.

배우려는 의욕은 두 가지 경로로 형성된다. 하나는 어떠한 계기를 통해 학습 초기 단계부터 흥미와 관심을 느끼고 스스로 배우고 싶어 하는 경우다. 역사 드라마를 보고 역사에 관심이 생긴다거나 행성 도감을 보고 천체에 흥미를 느끼는 사례가 이에 해당한다. 이 의욕을 부모와 교사가 잘 살리고 교재를 적절히 선택하여 격려하면 아이들은 자연스럽고 올바르게 배움을 이어 나간다. 이것이 바로 '재미있다'에서 '의욕'으로 이어지는 경로다.

또 하나는 '해냈다'라는 성취감이 선행된 후 의욕이 생기는 경로다. 처음에는 서툴렀지만 열심히 연습 문제를 푸는 동안 간단한 응용 문제를 풀 수 있게 되는 사례가 이에 해당한다. 처음부터 이차 방정식 그래프에 흥미를 느끼거나 재미있어 하는 학생은 많지 않다. 하지만 이차 방정식 그래프를 정확히 그리고 함수의 최대치를 구할 줄 알게 되면 '해냈다'는 성취감이 든다. 자신이 해냈다는 사실에 기쁨을 만끽한 학생은 다음 학습에 대한 의욕이 생긴다.

'지금은 별로 재미없지만 열심히 외우고 연습하면 반드시 할 수 있다'는 생각이야말로 배우려는 의욕이다. 문제 해결형 학습만이 바람직한 학습은 아니다. 전통적 학력의 습득도 지속적인 의욕이 없다면 불가능한 일이다.

'재미있다'에서 출발하여 학습으로 이어지는 경로와 '해냈다'에서 출발하여 재미를 느끼는 경로, 어느 쪽이든 상관없다. 교사에 따라 전자를 선택하는 사람도 있고 후자를 선택하는 사람도 있다. 거듭 강조하자면 재미를 우선해야 한다는 생각이 반드시 옳은 것은 아니다.

'형(型)'의 중요성

일본에서 전통적으로 실천해 온 '형(型)'의 교육은 후자의 경로다. '형'은 주로 무도(武道)의 '정형화된 형식'이라는 의미로 쓰이는데, 이는 공부에도 적용할 수 있다. 한마디로 초심자에서 전문가가 되기 위한 교육 프로그램이다. 예를 들면, 검도의 목검 휘두르기나 국어의 소독(素讀), 수학의 계산 연습 등이 있다. 형을 익힐 때 재미가 있는지 없는지는 그리 중요하지 않다. 형을 반복해서 연습하면 대략적인 기본 동작이 저절로 몸에 익는다. 몸에 익으면 익을수록 재미도 커진다. '형'은 말하자면 달인들의 경험치가 응축된 것이다. 이러한 형을 몸으로 반복하여 개인의 재주로 활용할 수 있을 때까지

진정한 학력

훈련하는 학습 방법은 '개성적'이지도, '주체적'이지도 않다. 그러나 '형'을 수천, 수만 번 꾸준히 훈련하면 완전한 자기 기술이 되며, 이러한 습득 과정에서 기쁨을 얻고 의욕을 갖게 된다. 일본의 자랑할 만한 '형의 학습'은 앞으로도 계속 유지되어야 할 귀중한 학습 방법이다. 새로운 학력과 액티브 러닝이라는 방식에 열중한 나머지 형의 학습을 소홀히 한다면 개인의 주특기를 스스로 포기하는 셈이나 다름없다.

감동과 숙달

'재미있다'라는 감동에서 출발하는 의욕과 '이제 할 수 있다'라는 숙달의 기쁨에서 출발하는 의욕, 이 두 가지가 양립하려면 어떻게 지도해야 할까?

무엇보다 부모와 교사가 지식을 접할 때 "대단하다! 정말 대단해!"라며 감동하고 그 감동을 아이들에게 전하는 것이 핵심이라 생각한다. 즉 어떤 것에 대해 부모와 교사가 품고 있는 동경(憧憬)을 아이들이 고스란히 이어받는 것이 학습의 출발점이다. 배우려는 의욕은 무언가를 대단하다고 생각하고 동경하는 데서 싹튼다.

예를 들어, 화학 수업에서는 먼저 "우와, 원소 주기율표는 대단하구나!" 하고 반 전원이 소리 내어 말한 후 교사가 주기율표의 대단한 점을 설명한다. 학생들은 그 설명을 이해한 다음, 다시 한 번 "우와, 원소 주기율표는 대단하구나!" 하고 말한다. 두 번째로 말할 때는 학생들의 목소리에 주기율표는 정말로 대단하다는 감동이 묻어나야 한다. 이는 교사의 설명 능력에 달린 문제다.

교과서는 냉동식품과 같아서 해동하지 않으면 먹을 수 없다. 이를 해동하는 것은 교사와 부모의 감동이다. 교과서는 본래 '대단한' 지식으로 구성되어 있으나 그 대단함을 전달할 수 있는 방법은 기술되어 있지 않다. 따라서 감동에 의한 해동 작업이 필요하다.

아이들은 교사와 부모가 해동한 식품에 감동한다. 그리고 감동을 느끼면 기억하고자 하는 의욕이 생긴다.

그런 다음 "너무 깊이 생각하지 말고 일단 해 보자. 그러다 보면 할 수 있게 될 거야"라며 아이들을 유도한다. 실제로 시도해 보는 사이 문제를 풀게 되기도 하고, 지식이 켜켜이 쌓인다는 것을 실감하게 된다. 이 단계에 이르면 마침내 아이는 자신이 숙달했다는 사실에서 자신감을 얻고, 다음 배움에 대한 의욕을 느낀다.

여럿이 토론하거나 자신의 의견을 발표하지 않더라도, 정직하고 효과적인 '형'과 방법을 실천함으로써 기량과 학력이 향상된다. 이처럼 정직한 학습자의 태도를 주체적이지 않다고 비판하는 것은 잘못된

진정한 학력

생각이다. 사회생활을 할 때 필요한 지식과 기술을 정직하게 배워 나가는 학습자를 단순히 '수동적이고 주체성이 없다'고 평가하는 것은 옳지 않다.

'인재'
양성 교육

사회에서 요구하는 '인재'

현행 학습 지도 요령의 핵심은 '살아가는 힘'이다. '살아가는 힘'은 지·덕·체의 균형 잡힌 힘을 일컫는다. 급변하는 사회를 살아가기 위해 탄탄한 학력, 풍부한 인간성, 건강과 체력이라는 지·덕·체를 두루 함양하는 것이 목표다.

여기서 말하는 '탄탄한 학력'이란 '기초적인 지식과 기능을 습득하고 이를 활용하여 스스로 생각하고 판단하고 표현함으로써 다양한 문제에 적극적으로 대응하고 해결하는 능력'이다. 또한 '풍부한 인간성'이란, '자신을 규제하고 타인과 협동하며 배려하는 마음과 감동하는 마음'을 뜻한다. '건강과 체력'은 '씩씩하게 살아가기 위한 건강과 체력'을 가리킨다.

이러한 '살아가는 힘'의 필요성에 의문을 품는 사람은 없을 것이다. 그러나 이 목표가 지나치게 막연하다는 사실도 부인할 수 없다. 문제 해결형 학습과 액티브 러닝은 현대 사회를 살아가는 힘을 더욱 구체적으로 향상하기 위한 방식이다. 여기에는 신체까지 포함한 전인격을 풍부하게 함양하겠다는 의도와 함께, 현대 사회에서 요구하는 '인재'를 육성하겠다는 의미가 담겨 있다.

경제 활성화를 위해

현대 사회에서 가장 변화가 심한 분야는 경제다. 경제가 좋지 않으면 국가 전체가 침체된다. 그러므로 사회는 경제를 활성화할 수 있는 인재를 원한다.

사회의 요구에 따라 학교에서도 경제를 활성화할 인재를 육성할 필요가 있다. 주어진 과제를 반복해서 수행하는 수동적인 자세만으로는 부족하다. 미국의 피터 드러커는 지식 사회의 특징은 모든 개개인이 경영자가 되어야 하는 시대가 도래한 것이라고 밝혔다.

과거에는 노동자들에게 스스로 문제 상황을 파악하고 자기 의지로 문제를 해결하는 능력을 요구하지 않았다. 그러나 혁신의 속도가 빨라지고 끊임없이 기술과 서비스의 진화가 이루어지고 있는 현대에는 변화무쌍한 환경을 극복해 나가기 위해 각 개인은 주도적이고 실천적인 문제 해결 능력을 지녀야 한다.

이는 결코 쉬운 일이 아니다. 더구나 세계화가 진행됨에 따라 더욱더 빠르고 창의적인 업무 능력이 요구되고 있다. 컴퓨터가 업무에 도입되면서 과거에 여러 명이 하던 노동을 혼자서 할 수 있게 되었다. 비즈니스 현장에는 의식을 활성화한 학습 방식을 익히고 ICT 기기를 활용하며 영어로 의사소통할 줄 아는 인재가 필요해졌다.

'새로운 학력관'은 달라진 사회적 요구에 부응하는 면이 있다. 학생들이 개성과 주체성을 지니며 행복하고 풍족한 인생을 살아가는 것과 경제 활동에 유익한 인재가 되는 것을 동시에 지향한다. 이 두 가지는 모순되지 않는다. 경제적인 풍요로움은 행복하고 풍족한 인생을 위한 중요한 기반이 되기 때문이다.

모든 사람이 스티브 잡스가 될 필요는 없다

노동자에게 요구되는 능력이 달라진 것처럼 '경영자'에게도 새로운 단계의 능력이 요구되기 시작했다.

뛰어난 경영자의 특징을 한마디로 규정하기란 어렵다. 피터 드러커는 《자기경영노트*The Effective Executive*》에서 "다양한 경영자를 관찰해 온 결과, 공통점은 성과를 올린다는 것 단 한 가지였다"라고 서술한 바 있다. 사람은 저마다의 능력을 가지고 있고, 경영자의 능력이란 실적을 올리는 것이다. 야구 평론가로서 훌륭한 제안을 하는 것과 구단주로서 경영 성과를 내는 것은 별개의 역량이다. 그러나 사회는 혁신적인 아이디어를 내고 이를 직접 사업에 연결시켜 큰 성공을 이끄는 새로운 인재를 기대하고 있다.

이를 단순화하자면, 애플의 창시자 스티브 잡스 같은 인물을 배출하는 것이 목표라고 할 수 있다. 이 세상에 없던 것을 창조하고 강력한 리더십으로 사업을 구체화하여 세계의 기준을 바꾸는 인물이 있다면 자국의 경제가 활성화하리라는 기대감이 들게 마련이다.

그러나 이 관점에 몇 가지 의문이 생긴다. 과연 스티브 잡스는 교육에 의해 탄생한 인물일까? 스티브 잡스는 액티브 러닝이나 사례 연구 같은 교육을 받고 우수한 성적을 거둔 결과 혁신을 일으킬 수 있었을까? 스티브 잡스에게 내재된 사명감과 미적인 감성은 혁신의 근본적인 원동력이 되었다. 그러나 과연 '새로운 학력관'은 그러한 힘을 중요하게 다루고 있는가?

무엇보다 애초에 모든 사람이 스티브 잡스처럼 되는 일이 바람직할까? 모든 구성원이 스티브 잡스 같다면, 애플은 지금과 같은 성과를 올릴 수 있었을까? 스티브 잡스는 우연히 엘리베이터를 함께 탄 사원과 대화하다가 그가 마음에 들지 않으면 곧바로 해고했다는데, 과연 이런 인간성까지 지향해야 할까? 끊임없이 의문점이 떠오른다.

일본의 경제가 침체될 우려가 있다는 불안감 때문에 스티브 잡스처럼 개성적이고 창의적인 인물이 나타나기를 바라는 심정은 충분히 이해한다. 그러나 일본 경제 침체의 원인은 혁신의 힘이 미약해서라기보다 인건비가 싼 국가가 대량으로 상품을 생산하게 된 것에 기인한다. 저출산과 고령화가 세계에서 가장 빠르게 진행되고 있는 가운데, 이 정도면 오히려 선방하는 편이라고 해도 과언이 아니다.

일본의 혁신은 집단의 힘으로 꾸준히 향상해 왔다. 각 상품의 정밀도를 극한까지 높여 편의점 물건 하나까지 진화를 거듭하고 있다. 물건뿐만 아니라 서비스도 진화하고 있다. 공항과 신칸센의 청소 방식까지 치밀하게 연구한 끝에 신속하고 청결한 결과물을 만들어 내기에 이르렀다. 이는 많은 국민이 혁신의 힘을 지녔다는 방증이다.

그런데 현실에서 이 같은 혁신을 이루어 내고 있는 이들은 새로운 학력의 교육을 받은 사람들이 아니다. 앞에서도 살펴보았듯이 과거 일본의 부흥을 이끈 주역은 전통적 교육을 받은 사람들이다. 열정적인 의욕으로 어떤 일을 반드시 실현시키겠다는 마음가짐은 새로운

진정한 학력

학력의 핵심이지만 실상은 전통적 교육에 의해 구현되어 온 셈이다.

프랭클린 정신

그렇다면 왜 교육 개혁이 시작된 것일까? 그 배경 중 하나는 바로 경제 상황의 악화다. 일본에서는 무슨 이유 때문인지 경기가 침체되면 경제적 시책은 물론, 다른 여러 분야에서 미국을 따라하려는 움직임이 나타난다. 그러나 실제로 미국이 항상 타의 모범이 되지는 않을 뿐더러, 앞에서 언급했듯이 교육 성과라는 측면에서 미국은 PISA 평가 순위가 일본보다 낮았다. 그렇다면 미국의 교육이 훌륭하다는 전제는 어디에서, 어떠한 근거로 제시된 것일까? 개인적으로 늘 궁금한 점이다.

만약 미국적 자본주의의 정신을 일본에 고착시키고 싶은 것이라면 고민해야 할 부분은 따로 있으리라 생각한다.

원점으로 거슬러 올라가 보자. 막스 베버는 《프로테스탄티즘의 윤리와 자본주의 정신》에서 자본주의의 정신을 대표하는 인물은 벤저민 프랭클린이라고 밝혔다. 자본주의는 프로테스탄티즘의 금욕적 합리주의를 기반으로 발달했으며 프랭클린은 그 대표적인 인물로 꼽힌다.

표-2 프랭클린의 13가지 덕목

	일	월	화	수	목	금	토
절제							
침묵	*	*		*		*	
규율	**	*	*		*	*	*
결단			*			*	
절약		*			*		
근면			*				
성실							
정의							
중용							
청결							
평정							
순결							
겸양							

프랭클린은 그의 자서전에서 '도덕적 완성'을 지향하면서 나쁜 습관을 타파하고 좋은 습관을 기르기 위해 노력했노라고 기술했다. 구체적으로 그는 13가지 덕목을 실현하고자 표를 만들고 수첩에 적어 매주 실현하려고 했다(표-2).

프랭클린은 엄격한 덕목의 습관화를 목표로 삼은 결과 오늘날 자본주의의 아버지라고 불리게 되었다. 자본주의 정신으로, 단순한 이윤 추구와 이기주의만이 아닌, 프로테스탄티즘의 윤리가 경제 활동과 민주주의적 국가 형성에 크게 이바지했다고 볼 수 있다.

논어와 주판

부침이 심한 경제계의 단기적 동향에 좌우되지 않고 경제 활동의 근간에 있는 인간성을 형성하는 것이 탄탄한 교육의 모습이 아닐까? 일본 자본주의의 아버지라고 불리는 시부사와 에이치도 《논어》를 재해석하여 경제 활동을 실천한 인물이다. 그의 저서 《논어와 주판》에는 다음과 같은 내용이 나온다.

> 나는 '논어로 일생을 관철해 보이겠다', '금전을 다루는 것이 왜 비천한가', '자네처럼 금전을 천하게 여기면 국가는 성립되지 않는다', '관직과 벼슬이 높은 것은 그리 중요하지 않다', '인간이 해야 할 귀한 일은 도처에 널려 있다', '관직만이 귀하다고 생각하지 않는다'라는 논어의 구절을 인용하며 반박하고 설득해 왔다. 그리고 나는 평생 장사를 하기로 다짐했다.

시부사와 에이치는 '나 혼자'라는 생각으로는 자기 자신의 이(利)도 얻을 수 없으며, 인·의·도·덕이 결여되면 세상일을 쇠퇴시킨다고 말했다. 또한 이(利)를 꾀하는 일과 인의도덕의 도리를 존중하는 일이 함께하여 어긋나지 않을 때 비로소 국가는 건전하게 발전하며 개인은 각자 이득을 얻고 풍족해진다고 하였다.

즉 경제 활동에도 정신적인 충실함이 필요하다는 얘기다. 타인을 배려하고 서로에게 이익이 되도록 문제를 해결하는 것은 민주주의의 기본일 뿐 아니라 경제 활동의 기본이기도 하다. 오늘날 기업은 사회적으로 투명성을 요구받고 있다.

공공 도덕에 반하는 기업은 오래가지 못한다. 사내에서 부적절한 노동 실태가 벌어지면 악덕 기업이라는 여론의 뭇매를 맞는다. 잘못을 은폐하려 했다가는 즉시 인터넷에서 들통이 나곤 한다. 인터넷 사회에서는 개인의 도덕성을 확인하기가 용이하다. 사회적 능력 속에 포함된 기본적인 인간성의 비중이 더욱 높아지고 있는 것이다.

업무와 과제에 성실히 임하고 기한을 지키며 대처해 나가는 인격은 기초적 학습을 꾸준히 지속함으로써 함양할 수 있으며, 문제 해결형 학습에 의해서도 향상될 수 있다. 전통적 학력과 새로운 학력의 장점을 모두 활용하는 것은 사회력을 겸비한 인간의 형성으로 이어진다. 이야말로 사회에서 요구하는 진정한 '인재'가 아닐까?

진정한 학력

비즈니스에서
요구하는 능력

주체성이 능사는 아니다

'새로운 학력관'의 큰 축인 '주체성'이라는 말은 꽤나 솔깃하게 들린다. 주체성을 지니는 데 반대하는 사람은 없으며, 이를 교육의 핵심으로 삼는 것 또한 적절한 것으로 생각된다. 하지만 여기에도 함정이 숨어 있다.

곰곰이 생각해 보자. 과연 '주체성'은 현실 사회에서 모든 사람이 우선적으로 길러야 할 요건일까? '개인의 관심과 의욕에 따라 탐구해 나가는 능력'을 기르는 것이 새로운 학력의 핵심이지만 조직에 소속된 회사원이 이를 다른 능력보다 우선하기에는 무리가 있다. 회사에는 사내 목표, 즉 자본주의 사회에서 우위를 점하기 위해 설정된 목표라는 것이 있다. 신입 사원은 주체적으로 회사의 목표를 설정할 수 없을 뿐 아니라 기본적으로는 소속 부서조차 자신이 선택하지 못한다. 일차적으로 요구되는 능력은 주어진 업무를 해내는 것이다.

그런데 무리하게 '주체성'을 발휘하여 사내 목표와 개인 업무에 대해 근본적인 의문을 드러내거나 비판을 가한다면 업무가 정체될 수 있다. 끊임없이 지속되어야 하는 업무의 성격상 그 흐름이 신입 사원의 의욕과 주체성으로 인해 멈추는 것은 생산적이지 않다. 회사라는 조직에 소속되어 있으면서 '회사의 이익만 따질 수 없다', '더 공적인 관점에서 생각해야 한다'라고 주장한다면 기업의 입장은 난처해진다. 어쩌면 진짜 주체적인 사람은 회사의 일원이 되는 것조차 어려울지도 모른다.

일반적으로 조직에서 요구하는 주체성은 우리가 '주체성'이라는 말에서 연상하는 이미지와는 성격이 조금 다르다. 조직은 이미 정해진 업무에서 성과를 올리기 위해 가능한 한 세부적으로 파고드는 형태의 주체성을 원한다. 최대한 이익을 올리기 위한 효율성과 관련한 개선책은 수용될 수 있지만 모든 구성원이 제각각 주체성을 발휘한다면 업무는 진척되지 않는다. 전 직원이 스티브 잡스 같다면 과연 스티브 잡스는 다른 잡스의 지시를 순순히 받아들일까? 스티브 잡스의 까다로운 지시를 받아들이고 성실히 연구한 구성원이 있었기에 세계를 변화시킨 상품이 탄생한 것 아닐까?

물론 '조직에 순종하라', '수동적인 자세를 취하라'는 말은 아니다. 조직에 속한 사람이 자발적 의욕을 지니는 일은 매우 바람직하며, 때로는 이러한 태도가 조직 전체에 대한 비판으로 이어져 상황을 개선시킬 수도 있다. 그러나 '무조건 주체성이 우선'이라는 극단적인 발상은 현실적이지 않다는 사실을 지적하고 싶다.

조직에서의 의욕과 주체성이란

한 사람 한 사람이 머리를 짜내어 아이디어를 창출하고 더 나은 방향으로 개선하는 행위는 현대 사회에 꼭 필요하다. 이를 신속하게 해내는 일은 기업의 성장에 매우 유익하며, 사실 일본 기업은 이 부분에서 이미 상당한 수준을 달성했다.

도요타를 비롯한 기업에서 QC quality control 활동이라고 불리는 품질 관리 방식을 시행해 왔다는 사실은 널리 알려져 있다. 이는 QC 서클(품질 관리 소집단)이라는 여덟 명 내외의 직원 그룹을 조직하여 품질 불량 방지, 작업 안전성 확보, 업무 효율 향상 등을 위해 개선책을 내는 방식으로서 그 결과, 낭비가 줄어들고 더욱 고품질의 제품을 싼값에 제공할 수 있게 되었다.

이처럼 소규모 조직의 모습에서 1900년대 중후반 초등학교의 조(組) 활동이 연상된다. 사실 초등학교의 조별 토론 및 개선 활동이 QC 활동의 발상으로 이어졌다고 할 수 있다. 말하자면, 우리는 이미 집단으로 현상을 분석하고 반성하며 수정해 나가는 힘을 이미 오랜 기간 교육해 온 셈이다.

동시에 이러한 자세의 근본에는 주어진 직무에 대한 충실함이 있다. 개인의 주체성이 아닌, 의무에 부응하고 사명을 수행하는 성실함이 실제 조직에서 요구하는 주체성이다.

조직의 업무에 모든 개인이 진심으로 의욕과 관심을 보인다는 보장은 없다. 월급을 받기 위해 어쩔 수 없이 하는 경우도 많다. 하지만 기업이 번영하지 않으면 개인의 번영도 불가능하다. 조직 안에서 각 개인이 노력하는 이유도 그 때문이다. 개인의 열정과 관심을 좇아 오로지 주체성만 발휘한다면 오히려 이 사회에서 돈을 벌기란 힘들지도 모른다.

나 역시 더 나은 교육을 위해 연구자의 길을 걸으며 늘 논문을 쓰고 있으나 그에 대한 금전적인 대가는 기대할 수 없다. 교육이라는 공적 분야를 위해 매일 십 수 시간 노력했지만 나의 주체적 선의에는 경제적 보상이 따르지 않는다. 진정으로 개인의 주체성을 살려 연구에 매진한다면 경제 활동에 참여하며 사회에서 살아가는 일조차 어려워질 수 있다.

도락가가 될 것인가, 직업인이 될 것인가

흔히 재미나 취미로 하는 일을 '도락(道樂)'이라고 한다. 나쓰메 소세키는 〈도락과 직업〉이라는 연설문에서 직업은 남을 위해 행하는 것이라고 역설한 바 있다. 남을 위해 행하는 양이 많을수록 자신이 받는 보수도 많아진다는 뜻이다.

남을 위해 행하는 분량은 곧 자신을 위해 행하는 분량이므로 남을 위해 행하는 분량이 적으면 적을수록 자신에게 무용한 결과가 생기는 것은 자연의 이치입니다. 반대로 남을 위한 일을 많이 행하면 행할수록 그만큼 자신에게 유용한 결과가 생기는 것 또한 자명한 인연이지요. 이 관계를 가장 간단하고 명료하게 나타내는 것이 돈입니다.

직업이란, 남을 위해 행하는 서비스다. 남을 위한다는 것은 세상의 요구에 부응한다는 말이다. 타인의 희망을 실현하는 이른바 '타인 실현'의 행위가 바로 직업이다. 그러나 자기실현을 우선하면 이는 직업이 아니라 도락이 된다. 선종의 승려는 깨달음을 얻기 위해 수행한다. 나쓰메 소세키는 아무리 고된 수행일지라도 타인이 아닌 자신을 위해서 행한다면 이는 도락이라고 말한다.

한편, 예술가나 연구자의 경우 도락이 본업이 되기도 한다.

예술가나 학자라는 사람은 그런 점에서 이기적이라고 할 수 있는데, 그 이기심 덕분에 그들의 길에서 성공합니다. 바꿔 말하면, 예술가와 학자에게는 도락이 곧 본업인 것이지요. 그들은 자신이 원할 때, 자신이 원하는 일이 아니면 글을 쓰지 않거니와 작품을 만들지도 않습니다. 지극히 몰염치한 도락가이지만 이미 특성상 도락 위주의 직업에 종사하고 있으니 별다른 도리가 없습니다.

나쓰메 소세키는 문학가 같은 도락적 직업은 사회에서 비교적 특수한 사례라는 말도 덧붙였다. 지금도 예술가나 문학가는 특수한 직업에 속한다. 예나 지금이나 대부분의 사람은 조직에 소속되어 직업인으로서 일을 해야 한다. 그런 점에서 타인의 필요를 실현해 나가는 것이 직업이라는 나쓰메 소세키의 메시지는 현대에서도 통용된다.

100퍼센트 자기실현을 향해 매진했다면 이는 도락이다. 그 결과는 단지 도락가로 끝나거나 재능을 직업으로 승화시키거나 둘 중 하나

진정한 학력

다. 물론 후자는 매우 예외적이다. 자신이 하고 싶은 일을 할 수만 있다면 회사에 취직하지 않고 프로 스포츠 선수나 가수가 되고 싶은 사람도 많을 것이다.

그러나 대부분은 조직에 들어가서 상사의 지시를 따르며 주어진 업무를 위해 노력한다. 이러한 주체성은 100퍼센트 자기 안에서 생겨났다고는 할 수 없다. 하지만 여러 제약 속에서 연구하고, 표현하고, 타인과 의견을 교환하며 문제를 해결해 나가는 힘이야말로 조직에서 요구하는 능력이다.

이를 주체성이라고 할 수는 없더라도 현실적으로 수많은 사람이 지니고 있는 능력임은 분명하다. 현실에서는 조직에서 살아남기 위한 협동성과 스스로 연구하는 능력 두 가지 다 필요하며, 이미 많은 사람들이 이 같은 능력을 소유하고 있다.

그럼에도 불구하고 왜 우리는 주체성 중심으로 교육 방침을 전환하려는 것일까? 실현하기까지 위험 요소가 산재한 것은 물론이고 현실적으로 그 주체성이 필요한지도 의문이다. 그런 가운데 이상적인 측면만을 거론하며 일단 한번 해 보자는 판단이 과연 바람직한지 생각해 볼 일이다.

학습하는 조직과 공동의 비전

또 한 가지 이야기하자면, 현대 기업은 조직 자체가 학습하는 집단이 되어야 한다. 한 번 성공한 상품을 계속해서 재생산하는 기업은 살아남기 힘들다. 환경과 수요의 변화에 따라 유연하게 대응하는 힘이 필요하다. 이른바 '학습하는 조직'이다.

'학습하는 조직'론이 유행하게 된 배경에는 피터 센게의 《학습하는 조직 The Fifth Discipline》이라는 책이 큰 역할을 했다. 이 책에 따르면 "학습하는 조직이란, 목표 달성 능력을 효과적으로 키워 가는 조직"이자 "환경 변화에 적응하고 학습하며 스스로 디자인하여 진화해 나가는 조직"이다.

여기서 핵심은 음악 합주처럼 개개인의 연주가 유기적으로 어우러져 효과를 발휘하는 팀의 능력이다. 피터 센게는 "세계가 긴밀하게 연결되고 비즈니스가 복잡해지고 역동적으로 변화하기 때문에 업무는 '학습'과 더불어 이루어져야 한다", "미래에 경쟁 우위를 갖고 앞서나갈 조직은 모든 구성원의 의지와 학습 능력을 이끌어 내기 위한 방법을 찾아낸다"라고 역설했다.

학습하는 조직에 반드시 필요한 것은 '공동의 비전'이다. 공동의 비전이 있으면 학습의 범위가 좁혀지고 에너지가 생겨난다. 진정으로 달성하고자 하는 비전이 모든 사람의 마음을 설레게 하지 않으면 생산적인 학습은 이루어지지 않는다.

공동의 비전이 있으면 가슴이 뛰고 활력이 생긴다. 일례로, 1961년 존 F. 케네디 미국 대통령은 1960년대 말까지 인류가 달에 착륙하는 비전을 발표했다. 이 비전을 실현하기 위해 수많은 프로젝트가 기획되고 새로운 기술이 개발되었다. 피터 센게는 《학습하는 조직》에서 다음과 같이 말했다.

"공동의 비전이 없이는 학습하는 조직을 실현할 수 없다. 진실로 원하는 목표를 향해 사람들을 견인할 힘이 없으면 현상을 유지하려는 힘에 압도당한다. 비전은 매우 중요한 목표를 결정한다. 원대한 목표를 세우면 새로운 사고방식과 행동방식을 지니게 된다."

교육의 장을 진정 학습하는 조직으로 바꾸고 싶다면 가슴 뛰는 활력을 불러넣을 만한 공동의 비전을 설정해야 한다.

나가노 현의 한 초등학교에서 학생들이 '종합적 학습'의 실천이라는 주제로 소와 염소를 기른 적이 있었다. 학생들은 소여물을 어떻게 조달할지, 염소 관리는 어떻게 분담할지 등 현실적인 과제를 해결하기 위해 지혜를 모았고, 여기에는 국어, 수학, 과학, 사회 지식도 활용되었다. 이러한 학습 의욕을 지탱한 힘은 바로 눈앞에 있는 소와 염소를 잘 키우고 싶다는 공동의 비전이었다.

공동의 비전에 대한 자세

지금까지의 입시 문제는 혼자서 문제집을 풀고 지식을 습득하면 대응할 수 있었다. 반 전체의 학력이 아니라 오로지 개인의 학력을 평가하는 방식이었다. 하지만 오늘날 비즈니스 세계에서는 팀 차원의

표-3 비전을 대하는 자세 7단계

- **헌신** : 진심으로 갈망한다. 어떻게든 비전을 실현할 의향이 있다. 필요하다면 어떠한 '법(구조)'이든 만들어 낸다.

- **참여** : 진심으로 갈망한다. '법의 정신' 내에서 가능한 일은 무엇이든 한다.

- **진정한 순종** : 비전의 효과를 이해한다. 자신에게 요구되는 일은 물론 그 이상까지도 한다. '법조문'에 따른다. '충실한 병사.'

- **형식적인 순종** : 전반적으로는 비전의 효과를 이해한다. 자신에게 요구되는 일은 하지만 그 이상은 하지 않는다. '그런대로 충실한 병사.'

- **마지못한 순종** : 비전의 효과를 이해하지 못한다. 그러나 일자리를 잃고 싶지도 않다. 의무이기 때문에 자신에게 요구되는 일은 그럭저럭 해내지만 마음이 내켜서 하는 것은 아니라는 기색을 주위에 드러낸다.

- **불응** : 비전의 효과를 이해하지 못하며 자신에게 요구되는 일을 실천할 의향도 없다. '나는 안 해. 억지로는 못 해.'

- **무관심** : 비전에 찬성도, 반대도 하지 않는다. 관심도, 활력도 없다. '이제 돌아가도 돼?'

진정한 학력

달성이 중요해졌다. 피터 센게는 비전에 대한 관점을 7단계로 정리했다(표-3).

비전을 실현하려면 이를 갈망하는 헌신과 참여가 필요하다. 여기서 말하는 헌신은 '진심으로 비전의 달성을 갈망하고 실현하려는 것, 필요하다면 어떠한 법(구조)이든 만들어 내는 것'이며, 참여란, '진심으로 비전의 달성을 원하며 법의 정신 내에서 가능한 일은 무엇이든 하는 것'이다. 이러한 헌신과 참여의 자세는 의욕과 활력으로 가득 차 있어 새로운 학력과 일맥상통하는 부분이 있다.

한편, 비전을 공유하고 실현하기 위해서는 '시스템 사고'가 필요하다. 자기 자신을 포함한 시스템 전체가 서로 연관되어 있음을 인식해야 한다는 얘기다. 칠판에 전체 구조와 흐름을 도표로 그리고 키워드를 화살표로 연결하여 항목의 관계성을 밝히는 이미지를 떠올리면 이해하기 쉽다. 한마디로 시스템 사고란, 항상 시스템 전체를 바라보는 눈으로 생각하는 것이다.

또한 시스템 사고는 전체를 보기 위한 생각의 방법이자 상호 관계와 변화를 파악하는 방법이다. 이는 21세기에 발달한 사이버네틱스 cybernetics(생물 및 기계의 정보 통신과 제어 작용을 종합적으로 인식하고 연구하는 과학)의 '피드백' 개념과 '서보 기구(servo 機構)' 공학 이론을 바탕으로 한다. 즉 인과 관계의 고리에 주목하여 역동적인 복잡성을 이해하는 것이 목적이다. 개개의 부분이 아니라 전체적인 인과 관계의 고리를 통해 현실을 파악하는 사고를 지니는 것이다.

대화의 중요성

비즈니스 외에도 스포츠나 음악 등 복잡한 연대가 필요한 분야에서는 팀 학습이 중요하다. 팀 학습의 훈련 방법으로는 대화dialogue와 토론discussion이 있으며, 대화에서는 한 사람의 이해를 초월하는 것이 목적이다.

대화란, 자신의 생각을 고집하지 않고 서로 이야기를 나누며 '깨달음'을 얻는 과정이다. 이는 소크라테스 대화법의 본질이기도 하다. 각자의 확신을 주장하며 투쟁하는 것이 아니라 대화 속에서 무엇을 이해하고 무엇을 이해하지 못했는지 밝혀 나가는 상호 협동 작업이다. 만약 이런 대화를 통해 각자 몰랐던 사실을 깨달았다면 이들의 대화는 성공적이었다고 할 수 있다. 전 참가자가 서로 동료로 생각하고 깨달음을 기뻐하며, 토론에서 상대방을 이기려고 하는 대신 상호 관계에 새로운 의미가 생겨나는 창의적인 관계를 지향하는 것이 진정한 대화의 모습이다.

이러한 대화를 통한 관계성을 연습하고 습득하여 자신의 기술로 삼

진정한 학력

는 것이야말로 '새로운 학력'에 필요한 능력이 아닐까? 우선 두 사람 사이에서 생산적인 대화가 이루어지도록 부단히 연습한 다음, 그룹 토론에서 전원이 새로운 대화를 생산한다는 자세로 참여한다. 누구나 무심코 자신의 가치관에 집착하고 의견을 고집하는 경향이 있는데, 타인의 의견을 허심탄회하게 받아들이고 더 나은 의견과 아이디어를 도출하기 위해 마음을 열어야 한다. 이러한 마음과 생각을 일컬어 지성(知性)이라고 한다. 자기중심적인 사고에서 벗어나 전체를 파악하고 새로운 가치 형성에 공헌하는 팀 학습 참여는 연습을 통해 배우고 익힐 수 있는 '기술'임이 분명하다.

끊임없이 고도화와 복잡화가 진행되는 비즈니스 세계와 그 밖의 다양한 영역에서 모든 사람이 팀 학습을 성립하는 구성원이 되는 동시에 관리자로서 팀 인솔 능력을 갖추어야 한다. 더구나 현대인은 고도로 복잡한 커뮤니케이션 능력까지 필요하다. 업무 현장에서는 비즈니스 메일을 하루에 수십 건씩 처리하는 것이 일상이다. 우리는 상당한 스트레스를 동반하는 긴장감 속에서 빠르고 정확한 대응이 필요한 시대에 살고 있다.

암묵지의 시스템화

현대 사회는 끊임없는 혁신을 요구한다. 급속도로 늘어나는 지식을 습득하고 새로운 지식을 생산해야 한다. 이러한 지적 활동 과정에서 암묵지(暗默知)의 형상화가 주목받고 있다.

암묵지란, 언어화되지 않은 지식을 말한다. 전문가는 자기 머릿속에서 벌어지는 과정을 언어화하지 않아도 암묵적 지식을 통해 고도의 업무를 수행한다. 암묵지는 언어적 지식과 대비되는 개념으로서 '신체지(身體知)'라고도 부른다. 예술가, 장인, 스포츠 선수는 각각의 신체지를 풍부하게 가지고 있다. 이에 반해 '형식지(形式知)'란 언어화되어 매뉴얼로 만들어진 명시적인 지식을 뜻한다. 숙련공 한 사람이 지닌 신체의 지혜를 개인의 역량으로 치부하지 않고, 동료끼리 공유하여 시스템으로 완성하는 것이 창의적인 조직의 모습이다.

과거의 도제 관계에서는 숙련된 장인의 신체지와 암묵지를 제대로 전수하는 시스템이 없었던 탓에 현장에서 선배의 기술을 어깨너머로 보고 배우는 것이 당연한 분위기였다. 물론 훌륭한 기술을 자기 눈으로 관찰하고 핵심을 파악하여 스스로 체득하는 과정은 주체적인 학습이라 할 수 있다.

하지만 이 방식은 학습자의 의욕과 능력에 지나치게 의존하는 경향

진정한 학력

이 있다. 따라서 조직에서는 안정적으로 운용하기가 어렵다. 예술계에서는 암묵지를 자기 자식에게만 전수하기도 한다. 그러나 시장의 요구에 따라 시시각각 대응해야 하는 오늘날의 비즈니스 현장에서는 개개인이 지닌 암묵지를 팀 단위로 공유하고 시스템화하여 빠르게 운용할 필요가 있다.

암묵지를 시스템화하는 과정은 노나카 이쿠치로, 다케우치 히로타카의 《지식 창조 기업》에 상세히 나와 있다. 홈 베이커리 제품의 개발을 예로 들어 보자. 여기서 과제는 빵 반죽의 암묵지를 형상화하는 것이다. 먼저 숙련된 제빵사의 반죽 기술을 배우기 위해 소프트웨어 담당자가 제빵사와 경험을 공유한다. 개발 중인 기계와 숙련 제빵사의 반죽법이 어떻게 다른지 주목하고 언어화하기 힘든 제빵사의 암묵지를 어떻게든 파악하려고 한다. 그리고 핵심 동작을 '비결'이라는 단어로 표현하고, 팀 엔지니어들과 그 동작을 기계로 어떻게 실현할 수 있을지 연구한다. 이때 빵 틀의 안쪽에 특수한 굴곡을 만들자는 아이디어가 떠오른다. 마침내 그 굴곡에 의해 숙련 제빵사의 반죽 동작 암묵지가 형태를 갖춘다.

'형'과 암묵지

암묵지와 신체지를 공유하고 이를 명확한 형식지로 만들어 나가는 과정은 새로운 학력이 요구하는 실천적 지식의 전형적인 모습이다. 재능 있는 사람이 직감적으로 가지고 있는 지식을 명확한 언어로 표현하면 많은 사람이 공유할 수 있다. 예를 들어, 일본의 전통 씨름인 스모의 본질을 이해하고 실천할 줄 아는 일인자의 암묵지를 '형(型)'으로 공유하는 것도 암묵지를 형식지로 바꾸는 과정이다. 스모의 시코(四股, 스모 선수의 준비 운동. 양쪽 다리를 벌리고 무릎에 손을 올린 채 다리를 번갈아가며 들어 올렸다가 지면을 밟는 행위-옮긴이)가 이러한 형에 해당한다.

형의 학습은 숙련자의 암묵지와 신체지를 초심자나 어린아이에게도 전달할 수 있는 방법이다. 일본 전통 교육의 핵심인 '형'의 교육은 암묵지와 신체지를 사람에서 사람으로 이동시키는 효과적인 학습 과정이었다. 특별한 재능이 없는 사람도 재능과 센스를 지닌 사람의 암묵지에 접근할 수 있다는 것이 제대로 만들어진 형의 장점이다.

즉 형은 일반적인 학습 과정을 보완하는 효과적인 교육 프로그램이었던 셈이다. 예컨대, 주판 기술은 연습하면 누구나 익힐 수 있다. 읽고 쓰는 능력과 주판은 에도 시대에 갖추어야 할 기본적인 자질이었다. 주판을 형으로 익힌 사람은 암산이 빠르다. 주판이라는 형의 교

진정한 학력

육이 계산 능력을 길러 주는 왕도였던 것이다.

훌륭한 형은 암묵지를 공유하는 데 유효하다. 그러나 반대로 형이 잘못되면 매우 비효율적이다. 현재 스키 점프 경기에서의 형은 스키 플레이트를 V자로 벌리는 것이다. 삿포로 올림픽 때처럼 플레이트를 모은 채 점프하는 자세는 지금으로서는 좋은 형이 아니다. 형도 늘 개선할 필요가 있다는 뜻이다. 오늘날에는 많은 테니스 선수들이 양손으로 백핸드를 하고 있으나 1970년대에 지미 코너스와 비에른 보리가 양손으로 백핸드를 구사했을 때 이는 오히려 변칙적인 기술로 여겨졌다. 그런데 점차 그 우위성을 인정받으면서 현재는 양손 백핸드가 보편화되었고, 이에 따라 어린아이들이나 초심자가 처음으로 배우는 자세(형)도 바뀌었다.

시대의 변화가 늦어지면 하나의 형이 오래 지속된다. 하지만 끊임없이 혁신을 요구하는 현대 사회에서는 암묵지를 명확한 지식으로 공유하고, 그로부터 형을 창조하며 수정해 나가는 작업이 필요하다.

새로운 학력은 현실에 대처하는 능력을 중시한다. 지금까지의 지식을 습득하는 것은 문화의 계승이라는 측면에서 여전히 중요하지만 상황의 변화에 적응하는 이른바 '지식 적응력'의 필요성 또한 급속도로 증가했다.

그런데 이러한 '지식 적응력'을 학교라는 공간에서 가르치는 것이 과연 효과적일까? 학교는 사회가 아니다. 비록 현대 사회에서 문제 해결형 능력을 요구하고 있더라도 학교라는 공간에서 이를 효과적으로 배울 수 있는지는 생각해 볼 일이다. 유토리 교육을 지향하며 도입한 '종합적 학습 시간'의 실패가 바로 그 증거다.

'형'의 변혁을 생각해 내려면 우선 '형'을 숙지해야 한다. 역시 실험을 거듭하며 전통적 학력과 새로운 학력의 변증법적 통합을 지향하는 것이 가장 안전하고 확실한 길이라고 생각한다.

에디슨이라는
모델

지적 호기심이 발명을 낳다

이론과 실천을 통합하여 현실을 개선하는 것이 새로운 학력의 이상이라면 토머스 에디슨(1847~1931)을 그 모델로 거론하고 싶다. 에디슨은 '20세기를 발명한 사나이'라고 불릴 만큼 뛰어난 발명가다. 전기를 시작으로 이루 헤아릴 수 없을 정도의 많은 발명과 개량을 해냈으며, 발명가로서뿐 아니라 경영자로서도 역량을 발휘했다.

에디슨의 발명과 개량은 강렬한 지적 호기심에서 비롯되었다. 어렸을 때부터 호기심이 많고 질문이 끊이지 않았다는 이야기는 유명하다. 일례로, 그는 조선소 직원에게 "멀찌감치 서 있으면 망치가 판을 두드리고 나서 소리가 들릴 때까지 어째서 시간이 걸리는가"라고 물었다고 한다. 이처럼 눈앞에서 벌어지는 일에 강한 지적 호기심을 품고 질문을 던지며 문제를 찾아내는 '문제 발견력'과 '질문력'은 발명과 개량의 시작점이다.

의문을 품는 훈련

자녀가 에디슨처럼 창의적인 사고와 활력을 지니기를 원한다면 현실에서 벌어지는 일에 의문과 질문을 떠올리도록 유도하자. 에디슨은 자발적으로 관찰하고 질문한 경우였지만 먼저 질문을 떠올림으로써 현상을 자세히 관찰하는 습관이 생기기도 한다.

우리는 교과서에 적혀 있는 내용을 당연하게 받아들이곤 한다. 하지만 스스로 '왜'라고 질문하면 당연하게 여겨졌던 사실도 다르게 보인다. 현상을 당연하게 여기고 지나치는 것이 아니라 의문과 의심을 품으며 다가가는 사고는 훈련을 통해 기를 수 있다.

예를 들어, 데카르트는 《방법서설》에서 온갖 사물을 의심해 보았노라고 밝혔다. 그는 이러한 사고 끝에 그 유명한 '나는 생각한다. 고로 존재한다'라는 근본적인 인식에 도달했다. 철학자이자 수학자, 과학적 사고의 실천가였던 데카르트는 자신의 사고를 네 가지 원칙으로

진정한 학력

분류했다.

첫 번째는 나 스스로 명백하게 참이라고 인정한 것 외에는 어떤 것도 참으로 받아들이지 않는다. 즉 신중하게 속단과 편견을 피하며 의심이 개입될 여지가 전혀 없을 정도로 명백하게 인식되는 것 외에는 그 무엇도 나의 판단에 포함시키지 않는다.

두 번째는 내가 검토하는 개개의 의문을 가능한 한 많이 그리고 더 나은 문제 해결을 위해 필요한 만큼 소부분으로 분할한다.

세 번째는 나의 사고를 순서에 따라 이끌어 낸다. 조금씩 계단을 오르듯 가장 단순하고 이해하기 쉬운 것에서부터 가장 복잡한 것의 인식까지 올라가며, 자연 상태에서는 순서가 연결되지 않았던 것까지 순서를 정해서 접근한다.

마지막으로, 모든 경우를 완전히 열거하고 전체적으로 재검토하여 아무것도 누락되지 않았음을 확인한다.

데카르트처럼 자신의 사고 과정에 철저히 원칙을 세우고 실수가 적은 사고를 이끌어 내는 방법론은 현대인에게도 유효할 뿐 아니라 반드시 필요하다. 이처럼 귀납적 사고와 연역적 사고를 통합하는 사고법을 네 가지 원칙으로 철저히 훈련하면 사고가 강인해진다. 데카르트는 자신도 의식적이고 부단한 훈련을 통해 이를 단련할 수 있었다고 설명한다.

이 방법을 통해 내가 가장 만족한 것은 어떤 상황에서든 나의 이성을, 완벽하지는 않더라도 최소한 나의 힘이 미치는 한에서는 가장 잘 활용하고 있다는 확신을 얻은 점이다. 또한 이 방법을 실천함으로써 정신적으로 한층 명료하고 분명하게 대상을 파악하는 습관이 생겼다는 사실을 깨달은 점이다. 그리고 이 방법을 어떤 특수한 문제에 국한하지 않았기 때문에 대수학(代數學)의 난제에 활용한 것과 마찬가지로 다른 학문의 난제에도 유효하게 적용할 수 있으리라 기대한 점이다.

앞서 받아들였던 모든 나쁜 의견을 나의 정신에서 근절함과 동시에 많은 경험을 쌓아 훗날 나의 추론의 밑거름이 되도록 한다. 또한 내게 명령한 방법을 꾸준히 수련하여 더욱 강화하고, 사전에 충분한 시간을 준비하는 데 할애해야 한다.

사고법을 기술로 간주하고 철저히 수련한 데카르트의 자세는 미야모토 무사시의 《오륜서》에 나오는 검술 연마와 유사한 점이 있다. 사고법 자체를 기술로 수련하고 습득한다는 관점에서 바라보면 즉흥적이고 대충 끝나기 쉬운 '종합적 학습'에도 빛이 생긴다. 지금 하고 있는 다양한 활동이 결국 이 네 가지 사고법을 습득하기 위한 훈련임을 의식하면 참된 목적을 놓치지 않으리라 생각한다.

독창성 이전에 필요한 지식

독창적인 발상과 지식의 관계에 대해서 살펴보자. 독창적이라는 말을 들으면 무(無)에서 유(有)를 창조하는 이미지가 떠오른다. 그러나 실제로 발명과 개량은 기존의 것에서 새로운 연결 방법을 찾아낸 경우가 대부분이다. 그전까지는 이론으로만 존재하던 것을 현실에서 구현하거나 어떤 발견을 다른 영역에서 응용함으로써 발명과 개량이 이루어진다.

많은 이들이 '단순한 지식의 주입이 아닌 주체적이고 독창적인 발상과 사고가 중요하다'라고 이야기하는데, 이는 사실이 아닐뿐더러 무책임하기까지 한 발언이다. 예를 들어, 드론의 발명과 개량을 생각해 보자. 현재 드론 기술은 상당한 속도로 진화하고 있다. 공을 던지면 드론이 그 공을 받아쳐서 던진 사람에게 돌려보낼 수도 있다. 공을 던지는 기술의 정확성은 경이롭기까지 하다. 음료가 든 컵을 흘리

지 않고 손님이 있는 테이블까지 운반하는 일도 가능하다. 하지만 이러한 개량은 무에서 시작한 발상이 아니라 물리학 지식을 응용한 것이다. 물리학을 모르면 실제로 개량을 할 수 없다.

그런데 현재 고등학교에서는 이러한 기초 지식의 습득을 소홀히 하는 탓에 대부분의 대학 이공계 학부에서 신입생을 대상으로 고등학교 물리를 가르치고 있는 실정이다.

전통적인 교육의 강점인 각 교과 지식의 습득은 훗날 창의적인 활동의 기초가 되고 있음에도 불구하고 이를 무시한 채 발상력만 기르자고 주장하는 것은 바람직하지 않다. 문학적 발상과 전기 공학적 발상을 똑같이 논하는 것도 비현실적이다. 각 영역에서의 발상력은 각 영역의 지식을 기반으로 한다. 과학 분야에서 발명과 개량이라는 창의력을 발휘하려면 그 분야의 지식이 필요하다.

창의력의 기반, 독서

'개성과 창의력이 있는 아이로 키우자'는 애매한 목표는 교육 자체를 애매모호하게 만든다. '창의력'을 지향하는 발상의 근거는 무엇일까? 현실적으로 발상력의 기반에는 각 영역의 전문 지식이 있다. 그리고 그 전문 지식은 지금까지의 전통적 교육으로 가르쳐 온 기본 지식을 토대로 한다.

역사상 발명과 개량의 재능을 가장 잘 발휘한 에디슨 이야기로 돌아가면, 그는 평생 광범위한 지식을 얻기 위해 노력했다. 에디슨은 당대의 일류 지성들이 기고하던 잡지 〈노스 아메리카 리뷰*The North American Review*〉를 50년간 구독했다. 에디슨은 청년 시절에 잡지 20권을 2달러라는 저렴한 가격에 구입했을 때의 흥분을 입이 닳도록 이야기했다. 너무 기쁜 나머지 경찰이 부르는지도 모르고 지나가다 발포를 당했다는 일화는 유명하다.

에디슨이 일반 학교 교육을 받은 기간은 겨우 3개월에 불과하다. 에디슨은 그가 공상에 빠져서 머리가 이상하다는 공립학교 교장의 말에 충격을 받은 뒤로 학교에 나가지 않았다. 그러자 어머니 낸시는 집에서 에디슨을 가르치기 시작했다. 청각 장애를 앓던 에디슨은 독서에 열중했다. 그는 매일 도서관에서 각종 분야의 책을 읽는 데 푹 빠져 지냈다. 뉴턴의 《프린키피아*Principia*》도 그중 하나였으며 전신, 전기, 자기(磁氣) 관련 책도 수없이 읽었다.

그중에서도 에디슨의 첫 번째 필독서로 꼽히는 책은 마이클 패러데이의 《전기학의 실험적 연구*Experimental Researches in Electricity*》였다. 에디슨은 패러데이의 방법론을 그대로 모방했다. 그의 향상심 넘치는 삶에 영향을 받아 전기 지식을 습득하는가 하면, 패러데이가 브리태니커 백과사전을 읽었다는 사실을 알고는 에디슨도 브래태니커 백과사전을 암기하려고 노력했다.

닐 볼드윈의 《에디슨－20세기를 발명한 사나이*Edison: Investing the Century*》에 따르면, 에디슨은 자신의 기업 채용 시험에서 폭넓은 지식과 창의성을 가늠하는 문제를 출제했다고 한다. 대학 시절에 적당히 공부한 실력으로는 도저히 풀 수 없는 문제도 많이 출제되었다. "가장 양질의 솜은 무엇인가", "세계 최대의 망원경은 무엇인가", "가죽을 부드럽게 만드는 방법을 설명하라" 등 언뜻 관련성 없어 보이는 암기 문제를 출제하기도 했다. 더구나 이러한 암기 문제뿐만 아니라 "전구의 부피를 구하라"와 같은 매우 복잡한 계산 문제를 낸 다음 어떻게 답하는지 평가하기도 했다. 이 문제의 단적인 해법은 전구 안에 물을 채운 후 그 물의 부피를 구하는 것이었다.

대학을 졸업한 사람이라고 반드시 경쟁 사회에서 능력을 발휘하리란 보장은 없다. 탁상 학문만으로는 안 된다는 에디슨의 생각과 지향점이 여기서 드러난다. 그야말로 실천적 사고를 중시한 에디슨다운 문제라고 할 수 있다.

에디슨은 과학에 관한 참된 지식을 지탱해 준 요소는 사소한 부분까지 기억하는 재능과 그 능력을 부단히 양성하는 것 그리고 신체의 근육을 단련하듯 뇌를 '움직이는 것'이며, 이는 영원히 바뀌지 않는다고 생각했다. 또한 에디슨은 중역이 지녀야 할 가장 중요한 자질은 '뛰어난 기억력'이라고 믿었다. 뛰어난 기억력이 있어야 즉시 올바른 결정을 내릴 수 있으며, 각종 사실을 생각대로 정리할 수 있기 때문이다.

이러한 인생 경험에 근거한 학문을 중시했던 에디슨의 신념은 동시대를 살아간 존 듀이(다음 장 참조)와 일맥상통하는 점이 있으며, 실제로 두 사람은 서신을 주고받는 사이였다. 에디슨은 일평생 광범위한 독서를 통해 방대한 전문적 지식이라는 창의력의 기반을 다졌다.

전통적 학력과 과학자의 발상

발상력과 창의력은 지식이라는 토양에서 자라나는 식물이다. 지식이 없으면 각 영역에서 창의성을 발휘할 수 없다. 직감력도 마찬가지다. 장기 초보자가 프로 기사와 동급의 직감력을 발휘하기란 불가능하다. 교과서에 있는 지식을 통째로 암기하는 것만으로는 부족하지만 그조차 습득하지 않은 단계에서는 전문적인 발상을 기대할 수조차 없다. 모든 분야를 암기할 필요는 없지만 앞으로 자신의 발상을 활용할 영역에서는 지식과 경험이 무기가 된다. 발상이란, 지식과 경험을 기반으로 새로운 결합을 생각해 내는 것이기 때문이다.

새로운 학력의 방향성은 과학자의 행위와 일치한다. 문제의식을 지니고 질문하고, 탐구하며 가설을 검증해 나가는 빙향성은 새로운 학력과 공통적인 면이 있으며, 과학의 근본적인 성질이기도 하다.

과학의 근본적 원칙은 관찰과 실험 그리고 이를 수학적으로 정식화하는 것이다. 가설을 세움으로써 실험을 하고, 실험을 실시함으로써 가설을 검증할 수 있다. 관찰을 할 때도 단순히 보기만 하는 것이 아니라 문제의식을 지녀야 한다. 문제의식을 지니고 검증해야만 눈에 들어오는 것이 있기 때문이다.

갈릴레오 갈릴레이가 근대 과학을 확립한 과정을 살펴보면 과학에는 최종적으로 수학적 정식화도 중요하다. 요하네스 케플러는 행성의 궤도가 타원형이라는 사실을 발견했다. 이 역시 방대한 관찰 데이터로부터 법칙을 도출하고 수학적으로 정식화했다는 점에서 대표적인 과학적 위업이라고 할 수 있다. 이러한 과학자의 탐구는 단순하고 즉흥적인 발상으로 이루어지지 않는다. 전문적 지식을 바탕으로 질문하고 과거의 연구를 기반으로 가설과 검증을 반복해야 가능한 일이다. 여기에 수학적 지식이 전제가 된다는 사실은 두말할 필요도 없다. 전통적 학력이 부족하면 과학의 탐구 자체가 어려워진다.

창의력, 직감력, 주체성이라는 말을 독립적으로 쓰는 것은 위험하다. 지식을 주입하지 않을 때 참신한 발상이 생겨난다는 말은 너무도 단순하고 비현실적이다. 이론과 실천을 끊임없이 통합하려는 의지가 필요하다. 지식과 경험은 상호 보완하며 새로운 발상을 만들어 낸다.

제 4 장

'원류'에서 배우다

루소가 제시한
민주 사회의 주권자 교육

'새로운 학력'의 원천

'새로운 학력'을 양성하는 교육은 이미 일본에서 오래전부터 시행되어 왔었다는 사실을 앞에서 확인했다. 그렇다면 새로운 학력을 양성해야 한다는 사고의 원천은 어디일까?

세계사로 범위를 넓혀 보면, 주입식 교육을 비판하고 개인의 감각과 호기심에 따라 세상을 배우는 '새로운 학력'의 양상을 사상적으로 내세운 인물은 프랑스의 장 자크 루소(1712~1778)다. 루소는 문제를 발견하고 해결해 나가는 '문제 해결형 학습'의 최초 제창자라 할 수 있다.

루소는 프랑스 혁명(1789년)을 사상적으로 준비했다고 평가받는 인물이다. 프랑스 혁명이 일어나기 27년 전 《사회계약론》을 집필한 해와 같은 해인 1762년에 루소의 교육 사상이 담긴 《에밀》이라는 책이 출간되었다. 이 책에서 루소는 에밀이라는 소년이 태어나서부터 성인이 되기까지의 과정을 묘사하며 자신의 교육론을 구체적으로 펼쳤다.

마음에서 우러나오는 배움

《에밀》에는 이런 글이 나온다. "우리가 획득하려는 것은 학문이 아니라 판단력이다." 이 문장만 놓고 본다면 그야말로 오늘날의 문제 해결형 학습과 액티브 러닝의 실천을 선언한 말이다.

루소는 호기심을 중시했다. 그는 무언가를 스스로 흥미롭다고 느껴야 비로소 배우려는 의지가 생기며, 권위 있는 사람으로부터 학문을 전수받기 위해 수동적으로 기다리기만 해서는 생각하는 힘을 기를 수 없다고 여겼다. 그의 가치관은 다음 글에서 잘 드러난다.

당신이 맡은 학생의 주의를 자연현상으로 돌려라. 그러면 머지않아 학생에게 호기심이 생길 것이다. 그러나 호기심을 기르려면 그 호기심을 절대로 급하게 채워서는 안 된다. 학생의 능력에 부합하는 여러 문제를 내고 스스로 풀도록 해야 한다. 무엇이든 당신이 가르쳐서가 아니라 스스로 깨우쳐서 이해하도록 해야 한다. 학생은 학문을 습득하는 것이 아니라 학문을 창조해야 한다. 학생의 머릿속에 이성 대신 권위를 심는다면 더 이상 이성을 발휘할 수 없다. 그럴 경우 타인의 억견에 농락만 당할 뿐이다.

루소는 지리 학습법을 구체적인 사례로 들었다. 지구본이나 지도를 이용해 가르치기보다는 실제로 지평선 너머로 태양이 저물어 가는 모습을 직접 관찰할 것을 제안했다.

그것은 어떠한 사람도 넋을 잃지 않고서는 견딜 수 없는 황홀한 시간이며, 그처럼 장대하고 아름답고 감미로운 광경에는 누구도 무관심한 태도로 일관할 수 없다.
자신이 만끽한 감동에 가슴이 벅찬 교사는 그 감동을 학생에게 전하고 싶어질 것이다. 교사는 자신의 마음을 움직인 감각에 집중하게 함으로써 학생의 마음을 움직일 수 있다.

루소의 방식은 호기심과 감동을 중시하여 학습에 대한 동기를 부여하는 것이었다. 배워야 할 지식이 있어서 억지로 배우는 것이 아니라 진심으로 흥미롭고 위대하며 유용하다고 생각하는 '마음에서 우러나오는 배움'을 강조했다.

학문을 사랑하는 취미

그러나 이러한 적극적이고 자발적인 학습에는 교사의 주도면밀한 준비가 필요하다. 교사가 일반 수업보다 주도면밀하게 준비하지 않으면 자발적이고 적극적인 학습은 이루어지기 어렵다.

《에밀》에서 소년 에밀을 양육하는 사람은 가정교사다. 전속 가정교사가 용의주도하게 수업을 준비하고 언제나 에밀 곁을 지킨다. 즉 이러한 전제 자체가 자발적 학습에 교사의 역할이 얼마나 중요한지를 보여 준다.

루소는 '평온한 지성의 시기'는 매우 짧기 때문에 단순히 박식한 사람을 키우는 것만으로는 부족하다고 주장하며 다음과 같이 덧붙였다.

학생에게 학문을 가르치는 것이 문제가 아니다. 학문을 사랑하는 취미를 부여한 후 이 취미가 가장 발달했을 때 학문을 어떻게 배우는지를 가르쳐야 한다. 이것이야말로 모든 올바른 교육의 근본 원칙이다.

우선 학문을 향한 사랑이 중요하다는 얘기다. 예를 들면, 과학을 좋아하거나 사회와 역사에 흥미를 느끼도록 유도하여 학문을 사랑하는 취미가 선행된 후에 학문을 본격적으로 배우는 단계가 뒤따라야 한다는 것이다.

물론 호기심도 중요하지만 지속적인 주의력도 빼놓을 수 없다. 교사는 충분한 연구를 통해 학생들이 지루함을 느끼지 않도록 해야 한다. 아무런 강제도 하지 않고 학생들이 자발적이고 적극적으로 흥미를 느끼게 하려면 교사의 상당한 역량과 에너지가 필요하다.

(학문을 사랑하는 취미를 만드는 시기는) 하나의 사물에 오랫동안 관심을 기울이도록 차츰 길들이는 시기이기도 하다. 그러나 절대로 강요해서는 안 되며, 항상 즐거움과 욕구로써 관심을 끌도록 해야 한다. 학생이 괴로움을 느껴 결국에는 포기하지 않도록 충분히 신경 써야 한다. 그러므로 꾸준한 보살핌이 필요하다.

루소는 에밀을 통해 인간의 발달 단계를 묘사했다. 자신의 기분이 중요한 유아기, 감각과 지각이 중요한 아동기(유년기, 약 12세까지), 호기심과 유용성이 중요한 소년기(약 12세에서 15세까지), 이 세 시기에는 무엇보다 자신을 소중히 여기는 삶의 방식을 배운다. 자신의 유쾌하

진정한 학력

고 즐거운 감정을 소중히 여기는 시기다. 이 시기를 거친 후 타인을 배려하는 공감 능력과 사회적 자아를 기른다. 그리고 그 후에 찾아오는 사춘기와 청년기에는 이성과 도덕이 중요해지며 행복과 덕(德)을 배우게 되고 마침내 결혼으로 이어진다. 이러한 발달 단계는 훗날 E. H. 에릭슨의 8단계 발달 이론에 영향을 미쳤다.

민주주의 사회의 주권자를 육성하다

루소가 자신을 소중히 여기는 인간이 되는 것을 우선한 까닭은 민주주의 사회를 지탱하는 자유로운 개인을 중시했기 때문이다. 노예가 아닌 자기 의지를 지닌 자유로운 개인이 바로 민주주의 사회의 주권자다. 다만, 자유로운 개인이 모두 자기 자신만 생각한다면 민주주의 사회가 성립되지 않으므로 발달 단계 후반에는 타인을 배려하는 능력을 기른다고 했다. 루소는 타인을 배려하고 전체를 생각하며 가급적 평등한 사회를 만들려는 의식을 함양한 자유로운 개인이 많을 때 민주적인 사회가 형성된다고 믿었다.

루소는 《사회계약론》에서 철저한 인민 주권론을 설파했다. 개개인이 서로 결합하여 자유와 평등을 최대한 확보하기 위해 계약을 체결하고, 그 계약에 의해 국가를 형성한다는 것이다. 이는 당시로서는 기존의 국가관을 뒤엎는 주장이었다. 루소의 사상은 민주주의 사회를 지탱하는 개인의 품격을 요구한다. 다시 말해, 루소는 《에밀》에서 사회 계약을 이루는 자유로운 주권자를 어떻게 육성할지를 보여준 셈이다.

루소가 묘사한 민주주의 사회와 주체의 형성이라는 설계는 현재까지도 유효하다. 우리 사회는 루소가 설계한 민주주의를 큰 틀에서 물려받았다.

현대 교육 역시 민주주의 주체의 육성을 의식해야 한다. 지식 위주의 학력은 과거(科擧) 제도와 같은 시험을 목표로 성실히 공부하면 향상될 수 있다. 그러나 이러한 암기 테스트만 준비해서는 민주주의의 주체가 되기에는 부족하다.

스스로 문제를 발견하고 판단에 필요한 자료를 모아 타인과 토론하며 전체적인 의사 결정을 해 나가는 사람, 문제 해결을 위한 아이디어를 내고 실행하며 현실에 알맞게 수정해 나가는 사람이 암기 테스트만으로 길러지기는 어렵다는 것이다. 그런 점에서 '새로운 학력'이 필요한 이유는 비즈니스에 필요한 인재보다는 민주주의의 주체를 육성하는 데 있지 않을까?

문제 해결형 학습과 액티브 러닝이 필요한 까닭도 민주주의 주체의 육성과 많은 공통점이 있기 때문이다.

진정한 학력

단순히 학력을 향상할 목적이라면 집에서 혼자 문제집을 푸는 편이 효율적이다. 실제로, 시험 기간에 돌입하면 수험생은 주로 자습에 시간을 쏟는다. 긴장감을 동반하는 이러한 공부 방식은 집중력과 인내력을 단련한다는 장점이 있다. 시험을 치른 사람은 다시는 시험 따위 보고 싶지 않다고 혀를 내두르면서도 시험 공부를 통해 얻은 것들에 대해서는 긍정적으로 평가한다. 시험 공부를 하는 동안 홀로 역경을 극복하는 힘이 길러지기 때문이다.

　하지만 민주주의의 주체를 건전하게 육성하자는 관점에서 보면, 액티브 러닝을 학습 방식으로 도입하는 편이 바람직하다. 스스로 문제를 설정하고, 조사하고, 토론하는 과정을 학생 시절부터 연습함으로써 자기 의견을 확립하고 대화로 해결하는 힘을 기를 수 있다.

듀이의 이상에서
배우다

70년 전 민주주의 교과서

과거 제도의 목적은 민주주의 주체의 양성이 아니다. 유능한 인물을 원하지만 주체적 결단력을 요구하지는 않는다. 아래에 인용한 글은 민주주의와 교육의 중요성을 강력히 주장한다.

본디 정책이 시시각각 교육을 지배하는 것은 큰 잘못이다. 정부는 교육의 발전을 위해 가능한 한 지원해야 하지만 정책으로 교육 방침을 좌우해서는 안 된다. 교육의 목적은 진리와 정의를 사랑하고 자신의 법적·사회적·정치적 역할을 책임감 있게 실행하는 훌륭한 사

진정한 학력

회인을 양성하는 데 있다. 자주적 정신을 지닌 국민으로 이루어진 사회는 상호 협력을 통해 점차 밝고 살기 좋은 곳이 된다. 그런 국민이 국가의 문제를 자신의 문제로 여기고 타인과 협력하여 문제를 해결하고자 노력한다면 진정한 민주 정치는 자연스레 이루어질 것이다. 제도가 민주적으로 완비되어 있어도 운용자가 민주주의 정신을 지니지 못하는 경우에는 결코 좋은 결과를 얻을 수 없다. 교육의 중요성은 바로 여기에 있다.

이 글은 문부성이 집필한 《민주주의》라는 책에 담긴 내용이다. 《민주주의》는 1948년, 즉 제2차 세계 대전 종전 3년 후 문부성에 의해 출간된 민주주의 교과서다. 이는 전쟁 때처럼 상하 관계의 권위적인 교육이 아니라 본격적으로 민주주의 주체의 육성에 지향점을 둔 교과서라 할 수 있다.

이 책은 정보의 출처를 정확히 파악하고 반대 입장의 간행물도 읽어서 다양한 의견을 접해야 한다는 '정보의 응용력'도 강조한다. 또한 사물을 과학적으로 생각하는 힘이 필요하며, 어릴 때부터 민주주의 교육을 받아야 함을 상세히 설명한다.

다 함께 학급 위원을 선발하거나 본인이 직접 학교와 학급을 대표하는 위원이 되거나 혹은 학급 회의에서 여러 문제를 자유롭게 토론하고 결과를 다수결로 정하는 과정에서 민주주의가 어떻게 이루어지는지 자연스레 이해할 수 있다.

학교는 결코 지식만을 배우는 장소가 아니다. 앞에서 서술했듯이, 학생이 학교에 있는 동안 사회인으로서 올바른 삶을 배우는 일은 교실에서 진행되는 학습과 마찬가지로 매우 중요한 민주주의 교육이다.

지금으로부터 70여 년 전에 출간된 《민주주의》라는 책에는 현재에도 기준으로 삼을 만한 내용이 담겨 있다. 비참한 전쟁의 과오를 반성하고 새로운 민주주의적 사회를 형성하려는 기개가 엿보인다.

국정 차원의 문제만이 아니다. 직장과 지역 모임 등 작은 공동체에도 민주적이고 생산적으로 조직을 운영할 수 있는 인재가 필요하다. 민주주의 사회는 종합적 능력을 갖춘 개인에 의해 유지된다. 바로 그렇기 때문에 '새로운 학력'의 양성이 필요한 것 아닐까?

'듀이'라는 원류

앞 장에서 '새로운 학력관'은 과연 '새로운 것'인지에 대해 다루었다. 주체적으로 깨닫고 배우며 새로운 가치를 창조해 나간다는 이야기만 들으면 대단히 새로운 느낌이 든다. 그러나 교육사와 교육 사상사를 살펴보건대, 이러한 생각은 이미 100여 년 전부터 제시되고 실천되어 왔음을 알 수 있다.

예를 들면, 전통적인 강의 중심 교육에 반대하는 운동이 1800년대 말부터 1900년대 초에 걸쳐 일어났다. 학습의 주체는 교사가 아니라 학생이라고 주장하여 이는 '신(新)교육'이라 불렸다.

신교육 사상에서 가장 중요한 인물은 미국의 철학자이자 교육학자인 존 듀이(1859~1952년)다. 듀이는 《민주주의와 교육》이라는 저서에서 교육과 민주주의의 근본적인 관계를 설명하는 한편, 《학교와 사회》에서 학교는 암기와 시험만 되풀이하는 장소가 아니라 자발적으로 생활하고 배우는 '소사회'여야 한다고 주장했다.

한마디로 요약하자면, 구교육은 중력의 중심이 아이들 바깥에 있다고 할 수 있다. 중력의 중심이 교사나 교과서 혹은 또 다른 어떤 것, 즉 아이들의 직접적인 본능과 활동에서 벗어난 곳에 있다. (중략) 지금 우리 교육에 도래한 변혁은 중력의 중심 이동이다. 말하자면 코페르니쿠스에 의해 천체의 중심이 지구에서 태양으로 이동한 것에 비할 만한 변혁이자 혁명이다. 이번에는 아이들이 태양이며 그 주위를 교육상의 여러 장치가 회전한다. 아이들이 중심이 되고 이 중심의 주변에 다양한 장치가 조직된다.

듀이의 교육 사상에서 중요한 키워드는 '경험'이다. 우리는 경험을 통해 배운다.

그런데도 지금까지 학교는 일상생활의 여러 조건과 동기로부터 멀리 떨어지고 고립되어, 아이들이 교육을 받기 위해 향하는 바로 그 장소가 무릇 이 세상에서 경험을 — 그 이름에 합당한 모든 교육의 모체인 '경험'을 얻기에 가장 어려운 장소가 되었다.

학교에서 지식의 계승은 주로 언어를 통해 이루어져 왔다. 하지만 듀이는 가장 중요한 '경험'이 결여되어 있다며 구교육을 비판했다.

학교에 다양한 활동을 도입하여 학생들이 경험을 쌓을 수 있는 생활의 터전을 제공하는 것이야말로 듀이가 꿈꾸는 모습이었다. 이때 비로소 '학교는 소규모 사회, 태아(胎芽)적인 사회가 된다'는 것이다. 듀이는 이것이 학교의 근본적인 모습이며, 이로부터 '지속적으로 질서 있는 교육의 흐름'이 생긴다고 여겼다.

듀이는 전통적인 교실은 학생이 작업하기 위한 장소라는 의식이 결여되어 있다는 사실도 지적한다. "학생이 구성하고, 창조하며, 능동적으로 탐구할 수 있는 작업장, 실험실, 교육 재료, 도구는 물론이고 이런 활동에 필요한 공간조차 턱없이 부족하다"라고 말한다. 책상이 일률적으로 배치되어 있고, 효율이라는 명목 아래 학생이 하나의 집단으로 취급되는 환경에서는 학생이 '기계적으로' 다루어진다. 이에 반해 신교육은 생활 활동을 중시한다. "학생은 활동을 하는 순간 자기 자신을 개성화한다. 학생은 하나의 집단이 아닌 각자 자기만의 개성을 지닌 인간이 된다."

교과서에 나열된 지식을 일제히 전달하여 습득시키는 구교육 방식과는 달리, 생활에서의 경험을 통해 깨달음을 얻고 주체적으로 생각하고 행동하며 문제를 해결해 나가는 것이 듀이가 생각하는 신교육 방식이다. 이러한 주체적인 학습에 의해 개성화도 실현된다.

듀이의 주장은 현재의 관점으로도 매우 합당해 보인다. 《학교와 사회》는 1899년에 출간된 책이다. 100년도 더 지난 예부터 지금 우리가 논하는 '새로운 학력'에 관한 발상이 존재했던 셈이다.

듀이가 일본에 끼친 영향

실제로 듀이의 사상은 일본의 교육에도 영향을 미쳤다. 학생들이 경험에서 주체적으로 지식을 획득하는 교육 방식이 일본에서 일찍이 주목을 받은 것이다. 일례로, '다이쇼(大正) 자유 교육'이라고 불린 운동이 있다.

당시 다이쇼 데모크라시Taisho Democracy(1910~1920년대 일본의 정치·사회·문화계에서 생겨난 민주주의적 운동과 풍조—옮긴이)의 일환으로 교육계에도 자유 교육의 물결이 일었다. 발단은 1920년대부터 1930년대 초반까지 유럽에서 활발하게 전개된 신교육 운동으로, 이는 교사 중심이 아닌 학생 중심 교육으로의 전환을 지향했다. 이에 따라 '다이쇼 자유 교육 운동' 또는 '신교육 운동'이라는 이름으로 불렸다.

간단히 말하면, 신교육 운동이란 획일적이고 틀에 박힌 방식에서 벗어나 학생의 관심과 의욕, 감동을 존중하고, 자유롭고 생생한 교육의 창조를 추구하는 운동이었다. 교사 중심의 주입식 교육이 아닌 학생 중심의 교육을 지향했다는 점에서 듀이가 강조한 교육의 '코페르니쿠스적 혁명'을 실현한 운동이었다고 평가할 수 있다.

실제로, 이와 같은 새로운 사상을 바탕으로 여러 학교가 신설되었다. 나카무라 하루지의 세이케이(成蹊) 초등학교, 사와야나기 마사타로의 세이조(成城) 초등학교, 오바라 구니요시의 다마가와(玉川) 학원, 니시무라 이사쿠의 분카(文化) 학원, 하니 모토코의 지유(自由) 학원 등이 그 예다. 새로운 학교들은 학생의 주체성을 중시한 교육 방식에

도전하여 성과를 올렸다.

　그러나 다이쇼 자유 교육의 한계점을 지적하는 목소리도 높다. 첫 번째는 도심부 부유층의 지지를 받았을 뿐 일반 공립학교에는 널리 보급되지 않았다는 점이다. 아무리 이상(理想)이 훌륭해도 일반 공립 초등학교에서 실천할 수 없는 것이라면 여러 문제점이 내포되어 있으리라 생각된다. 경제적인 문제도 그중 하나다. 두 번째는 새로운 방식의 교육일수록 역량 있는 교사가 필요하다는 점이다. 교사는 학생들을 주체적인 학습 환경에서 지도하기 위해 방대한 에너지를 소모하게 된다.

주체적 학습과 교사의 에너지

　앞에서 살펴본, 학생들에게 소와 염소를 기르게 한 나가노 현의 '종합적 학습' 사례는 듀이의 이상을 실현한 학생 주체 학습 방식이나 다름없다. 그런데 이를 지도한 교사들은 매일 밤늦게까지 공동 준비에 몰두해야 했다. 예를 들어 보자. 한 학생이 대나무로 무언가를 만들고 싶다고 건의하자 반에서 대나무를 세공하여 연을 만들기로 한다. 이때 다른 학생이 연 여러 개를 한 줄에 매달아 날리고 싶다고 말한다. 교사들은 협력하여 학생들이 모르는 사이에 연을 여러 개 만든

후 어떻게 하면 멀리 날릴 수 있을지, 몇 개까지 매달 수 있을지를 실험한다. 그런 다음 교사 자신들이 미리 실험하고 준비했다는 사실은 밝히지 않고, 오직 학생들이 주체적으로 활동하는 모습을 지켜본다.

이처럼 성실하고 열정적인 교사의 뒷받침이 있어야 학습은 진정한 의미의 주체성을 띠게 된다. 학생들에게 맡긴다고 주체적인 학습이 저절로 이루어지는 간단한 문제가 아니다. 극단적인 이야기이지만, 만약 주체적인 학습이 그렇게 간단히 해결되는 문제라면 모든 학교의 모든 수업을 자습 시간으로 바꾸어도 무방하다. 학생은 자신의 관심사에 따라 시간을 보내고, 교사는 단지 그 모습을 지켜보기만 하는 환경에서는 질 높은 학습이 이루어질 리 없다. 주체적인 학습의 장을 유지하려면 교사는 기존 수업보다 훨씬 더 막대한 에너지를 투자해서 준비해야 한다.

학생들이 자발적이고 주체적으로 학습한다는 말은 매우 이상적으로 들리지만 이를 실현하기 위해서는 교사의 뛰어난 능력, 교사 간의 연대, 학교 차원의 지원 등 여러 조건이 필요하다. 현 교원 양성 과정의 실태를 아는 사람으로서 말하자면, 훌륭한 학습의 장을 유지할 능력 있는 교사들은 언제든 확보할 수 있다고 본다면 이는 지나치게 낙관적인 생각이다.

'종합적 학습'이란

듀이가 주장한 신교육 방식은 다이쇼 시대(1912~1926)에 이미 실천되었음에도 불구하고 현재는 주류로 정착되지 않았다. 이 사실에 대해 곰곰이 생각해 볼 필요가 있다.

듀이의 신교육 제창은 그가 창립한 시카고 대학 부속 초등학교에서의 체험에 기반한다. 시카고 대학 부속 초등학교에서의 실천은 질적으로 가치가 있었지만 사실 장기간 지속되지는 않았다. 높은 이상을 현실화하는 데는 여러 장애물이 있기 때문이다.

'새로운 학력'이라는 간판만 바꿔 달고 듀이의 적극적이며 주체적인 방식의 신교육을 다시 도입하려고 한다면 특별한 각오와 비전이 뒤따라야 한다. '새롭다'고 칭송만 할 것이 아니라 왜 과거의 도전이 정착하지 못했는지, 문제점은 무엇이었는지를 검증할 필요가 있다.

그 예로 앞에서 잠깐 언급했던 '종합적 학습' 시간을 둘러싼 전말을 살펴보자.

'종합적 학습'이 도입된 배경에는 '각 교과 지식을 융합하여 활용하는 능력을 배양해야 한다'는 가치관이 자리한다. 이 가치관 자체는 비난할 수 없는 매우 타당한 이상이다. '문제 해결'을 위해 문장을 독해하는 국어 능력, 통계적 데이터를 풀이하고 검증하는 수학 능력, 실험을 실시하는 과학 능력, 사회적 문맥과 배경을 토대로 문제를 판단하는 사회 능력, 나아가 전 세계적으로 소통하는 언어 능력을 겸비하는 것은 뛰어난 종합적 학력이다. 듀이도《학교와 사회》에서 다음과 같이 역설한 바 있다.

우리는 모든 측면이 하나로 연결된 세계에 살고 있다. 모든 학과목은 이 커다란 공통 세계의 여러 관계에서 생겨난다. 학생이 공통 세계에 대응하는 다양하면서도 구체적이고 능동적인 관계 속에서 생활한다면 그 학생이 학습하는 학과목은 자연히 통합될 것이다. 그렇다면 여러 학과목의 관계는 더 이상 문제가 아니다. 교사는 역사의 과업에 조금의 산술을 보태기 위해 머리를 싸맬 필요도 없다. 학교를 생활과 관련시켜야 한다. 그 결과 모든 학과목은 필연적으로 상관관계에 있게 될 것이다.

이처럼 여러 교과의 지식을 융합하여 활용하려면 우선 지식을 습득하고 있어야 한다. 그리고 지식을 습득하려면 국어, 수학, 사회, 과학, 영어 과목의 각 커리큘럼에 따라 배우는 것이 가장 효율적이다. 단순히 여러 과목을 뒤죽박죽 섞어서 수업해 봐야 학력 향상을 기대하기는 어렵다. 전통적인 방식대로 각 교과 커리큘럼에 따라 착실히

진정한 학력

학습하더라도 기본적인 학력을 습득했다고 자부하기 힘든 것이 현실이다. 이는 20년 이상 대학 교육에 종사한 사람이라면 누구나 실감하는 바다.

여러 교과를 통합하여 문제를 해결하는 능력은 이상적이긴 하지만 우리는 첫 번째 단계의 벽조차 넘지 못하고 있다. 현실적으로 어떠한 커리큘럼을 편성해서 '종합적 학습'을 실현할 것인가 하는 난제가 남아 있다.

학습의 우선순위

신교육의 일환으로 '종합적 학습' 시간이 도입되었을 때 많은 학교에서 메밀국수와 우동 만들기 실습이 진행되었다.

〈종합적 학습 시간 평가 방법 등의 연구 개선을 위한 참고 자료〉에는 초등학교 6학년을 대상으로 '달인이 되자! 메밀국수 만들기!'라는 수업이 무려 70시간이나 시행된 사례가 나온다. 수업은 메밀 재배 방법과 역사, 음식으로서의 특성을 공부한 다음 실제로 메밀을 재배하여 국수를 만들고 자신의 식생활에 대해 고찰하는 방식으로 진행되었다.

이러한 활동에는 그 나름의 의미가 있을지도 모르지만 과연 이를 위해 70시간이나 투자할 필요가 있었는지는 의문이다. 70시간은 중요한 지식을 상당량 학습할 수 있는 시간이다. 그런데 굳이 메밀국수를 만들어야 할 이유가 있었을까? 우동이나 카레로 대체해도 무관하지 않았을까?

생활에서 중대한 문제가 일어났다는 가정하에 이를 해결하기 위해 지식을 동원하고 지혜를 짜내는 활동은 신교육 방식이라 이해할 수 있다. 하지만 메밀국수 만들기는 과연 중대한 문제일까? 만약 메밀국수 만들기 실습이 정말 훌륭한 수업이라면 전국의 모든 학교에서 70시간 동안 메밀국수를 만드는 데 투자해야 하는 것 아닐까? 메밀국수 만들기가 우연히 채용된 수업 사례에 불과하다면 이 활동에 70시간이나 투자하는 것은 위험 부담이 크다.

학생들의 학습 시간은 한정되어 있다. 따라서 우선순위가 높은 것부터 학습해야 한다. 어떤 지식을 우선할지 결정하고 지식의 서열과 순서를 철저히 판단한 결과가 바로 학습 지도 요령을 비롯한 학습 커리큘럼이다.

현재의 교육은 각 단원마다 목표가 명확히 정해져 있으며, 최종적인 학습 목표도 설정되어 있다. 그리고 이에 따른 학습 내용은 중학교, 고등학교, 대학교까지 이어진다는 점에서 매우 중요하다. 이처럼 중요한 학습 시간을 줄여 가면서까지 70시간 동안 메밀국수를 만드

진정한 학력

는 수업이 우선되어야 할까?

　다른 의문은 차치하더라도 과연 메밀국수 만들기가 주체적인 학습이 될 수 있을지도 의문이다. 학생들이 나름의 추억을 만드는 시간은 될 수 있을지 몰라도 단순한 추억 말고는 아무것도 얻지 못할 우려도 있다. 그렇다면 제대로 된 과학 실험을 하는 편이 더욱 질 높은 수업이 될 수도 있다.

　이처럼 학문적 배경이 결여된 레크리에이션 같은 활동이 전국에서 시행된 결과 '종합적 학습' 시간은 좋은 평가를 받지 못하고 있다. 실제로 직접 이 같은 수업을 받은 세대조차 이는 어렴풋한 기억으로만 남아 있는 경우가 대부분이다. '종합적 학습'이란 이름에 맞추어 무엇을 하면 좋을지 교사도 확신하지 못했던 결과라고 생각한다.

'두 바퀴'로 굴러가는 교육의 실현

듀이는 《경험과 교육》에서 다음과 같이 밝혔다.

　얼마나 많은 학생이 사고하고 발상하려는 마음을 잃었단 말인가. 얼마나 많은 학생이 경험을 강제하는 학습 방식으로 인해 의욕을 상실했단 말인가. 얼마나 많은 학생이 특별한 능력을 지니고 있음에도 불구하고 자동적인 반복 연습에 의해 판단력과 새로운 상황에 대응하는 지적 행동력을 제약받았단 말인가. 얼마나 많은 학생의 학습 과정이 권태와 싫증으로 물들었단 말인가. 얼마나 많은 학생이 이제껏 학습한 내용이 학교 밖의 생활과는 무관한 까닭에 그에 대한 통제력을 기르지 못했음을 깨달았단 말인가.

그러나 듀이는 동시에 이런 말도 남겼다.

신교육에 걸맞은 교재, 방법 그리고 사회관계를 창조하는 것이 전통적 교육보다 훨씬 어려운 과제다.

현실적으로 많은 학생을 효과적으로 학습시킨다는 측면에서 보면 새로운 학력의 교육은 부담이 크다. 듀이는 전통적 학력을 일방적으로 부정하지는 않았다. 그는 전통적 교육의 장점과 새로운 교육의 장점을 고차원적으로 통합해야 한다고 주장했다.

현재 문부과학성도 전통적 교육을 부정하고 있는 것은 아니다. 교과 지식의 확실한 학습과 문제 해결형 새로운 학력을 모두 가져가겠다는 종합적인 전망을 세우고 있다. 이제 그 전망을 구체적으로 어떻게 실현할 것인지에 대한 더욱 현실적인 방법을 생각해야 한다.

양자의 통합이 아무리 지난한 일이더라도 시대의 요구에 따라 도전하고 실천할 가치는 있다.

변화하는 세계와 상황 속에서 적응하고 살아남는 능력을 의식하며 교육하는 것은 교육자의 응당한 책임이다. 그렇다면 전통적 학력과 새로운 학력, 두 바퀴로 굴러가는 교육이 중심을 잡을 수 있도록 신속하게 대응해야 한다. 현실적인 커리큘럼으로 실현 방법을 쌓아 갈 필요가 있다. 또다시 지난 전철을 밟아서는 안 된다.

요시다 쇼인의
'새로운 학력'

쇼카손주쿠의 액티브 러닝

액티브 러닝을 통해 문제 해결형 새로운 학력을 습득하는 환경으로는 '서당'처럼 배우는 사람이 교사를 찾아가 소수 인원으로 교육받는 곳이 적합하다. 일본의 대표적인 사숙(私塾)의 하나인, 요시다 쇼인(1830~1859년, 일본의 무사이자 교육자로서 메이지 유신의 정신적 지도자라고 불린다. 국내에서는 정한론과 대동아공영권을 주창해 일본 제국주의에 영향을 미친 인물이라는 점에서 비난의 대상이다—옮긴이)의 쇼카손주쿠(松下村塾)는 일찍이 에도 시대 말기부터 액티브 러닝을 실천했다고 볼 수 있다.

우미하라 도루의 《요시다 쇼인과 쇼카손주쿠》라는 책에 따르면, 쇼

진정한 학력

카손주쿠는 숙생 개개인에게 집중하는 교육을 추구했다. 교과서는 대체로 학생이 선택했다. 무엇을 배울지, 어떤 교과서로 배울지를 숙생에게 위임한 것이다.

연령과 입숙 시기가 다른 숙생이 동시에 공부한다는 점, 출입 시간이 자유로웠다는 점에서 이는 자연스러운 선택이었으리라 추측된다. 에도 시대 제후들의 자제를 교육하는 기관이었던 메이린칸(明倫館)의 수업과 시험에 필요한 《자치통감》 등 관학 공부에 몰두하는 이가 있는가 하면, 메이린칸의 시험과는 무관한 공부를 하는 숙생도 있었다.

물론 교사인 요시다 쇼인이 추천한 책을 교과서로 쓰기도 했다. 기존의 무사들이 무관심했던 경제 방면의 책을 교과서로 쓰는 경우도 있었는데, 숙생이었던 시나가와 야지로는 "경제는 돈벌이를 뜻하니 별난 이야기를 하는 선생도 다 있다고 생각했다"라고 회상했다. 요시다 쇼인은 산술과 경제를 중시하여 실학적인 '경세제민(經世濟民)'을 꿈꾸었다. 교과서를 선택할 때도 '현실 문제에 얼마나 자발적으로 대처할 수 있는가'라는 문제의식이 반영되었다.

쇼카손주쿠에는 보통 사숙과는 달리 교탁이 없었다고 한다. 요시다 쇼인은 숙생들 사이를 수시로 오가며 개인 지도를 했다. 정해진 시간표가 없고 수업에 참여하는 사람도, 시간도 제각각인 데다 교과서까지 숙생이 선택한 상황이었으니 자연히 개별 수업이 이루어졌을 것이다.

요시다 쇼인은 무엇을 위해 학문하는지 묻는 질문에 "실행이 최우선이다", "단지 책을 읽는 학자가 되어서는 안 된다"라고 대답했다. 또한 그는 사제 관계보다 함께 배우는 동지 관계를 중요시했다.

액티브 러닝과 고전 강독

쇼카손주쿠에는 '과업 작문'이라는 수업 과제가 있었다. 지금의 리포트 같은 형식으로, 주제는 숙생들이 선택했으며 제출한 리포트는 요시다 쇼인이 정성껏 첨삭했다. 요시다 쇼인이 주제를 제시하는 경우도 있었는데, 현실 문제를 예시로 들며 그에 대한 해결책을 묻곤 했다. 《요시다 쇼인과 쇼카손주쿠》에 다음과 같은 예가 나온다.

1858년 3월 20일, 일미 통상 조약 체결에 관해 다시 중의를 모으라는 취지의 칙교가 내려오자 요시다 쇼인은 즉시 '손주쿠 책문일도(策問一道)'를 만들어 숙생 전체의 의견을 물었다. 5월 하순에 나온 〈초후(다카스기 신사쿠)의 대책을 평한다〉는 이때 제출한 답안의 하나를 평가한 것이다. 이 책문(策問)은 인쇄되어 사숙 외부 사람에게도 배

　　　　　　　　　　　　　　　진정한 학력

부되는 등 단순한 학생 리포트 수준을 뛰어넘었다. 책문을 통해 벗의 뜻을 가늠하기도 했는데, 이는 바꿔 말하면, 진정한 동지(同志)를 확인하는 유효한 수단이었다고 할 수 있다.

쇼카손주쿠에서는 '일미 수호 통상 조약 체결'이라는 국가의 현재 진행형 중대사를 주제로 숙생이 리포트를 쓰고 다 함께 토론했다. 이 수업은 전형적인 액티브 러닝이자 문제 해결형 학습 방식이라 할 수 있다.

그런데 쇼카손주쿠에서는 문제 해결형 학습뿐 아니라 고전 강독과 해독도 이루어졌다는 사실을 짚고 넘어갈 필요가 있다. 《맹자》 등의 고전을 교과서로 선정하고 현실 문제에 대해 토론한 것이다. 고전을 현실에 활용하는 학습 방식은 요시다 쇼인의 특기였다. 요시다 쇼인이 집필한 《고모삿키》에는 그가 투옥되었을 때 옥중에서 다른 죄수를 위해 강의한 기록이 있다. 국가가 처한 문제에 관해 《맹자》를 인용하여 설명한 그의 강의는, '일본에서 태어난 이상 동서남북 전국에 관심을 기울여야 한다'는 의견을 담고 있다.

현실을 파악하다

쇼카손주쿠 내에는 정보망이 있었다. 요시다 쇼인은 '비이장목(飛耳長目)', 즉 널리 보고 들어 정보를 모으라는 말을 중시했다.

일례로, 1858년 교토의 기요미즈 즈쇼에게 쓴 편지에 "비이장목은 오늘날 급선무입니다"라고 적은 바 있다. 요시다 쇼인은 먼 지역의 정보를 모으고 공유하는 것이 방위를 위해 필요하다고 생각했다. 이토 슌스케(히로부미)와 야마가타 고스케(아리토모) 등 6인이 조슈번(長州藩, 에도 시대에 경제력과 군사력을 갖춘 번의 하나로, 지금의 야마구치 현 일부를 다스림―옮긴이)에서 교토로 파견된 것은 비이장목에 힘쓴 대표적인 사례다. 요시다 쇼인은 적극적으로 탐색하고 정보를 모으는 일이 중요하다고 강조했다.

요시다 쇼인은 도시에 있으면 자연히 정보가 모여들어 마음이 느슨해지기 때문에 세상이 넓은 듯하지만 실은 좁아져 있거나 한쪽으로 치우쳐 있는 폐해가 생긴다고 지적했다. 현재는 인터넷을 통해 대량의 정보를 쉽게 얻을 수 있다. 그 결과 오히려 적극적인 탐구심이 부족해지는 경우도 생긴다. 요시다 쇼인은 스스로 탐구하고 획득해야 정보가 폭넓고 정확해진다고 생각했다. 이에 따라 그는 전국에서 동지들이 모은 정보를 장부에 기록하고 이를 쇼카손주쿠에 남겼다.

진정한 학력

그는 자기 생각을 고집하지 않고 시시각각 변화하는 현실 정세를 파악하는 것이 제일 중요하다고 생각했다. 이러한 현실적인 자세는 요시다 쇼인이 본래 군사학자(兵學者)였다는 사실과 관련이 있다. 요시다 쇼인이 군사학자로서 어떤 인물이었는지는 《군사학자 요시다 쇼인》에 자세히 나와 있다. 그는 항상 진영을 어떻게 지킬지 대외적인 의식을 지니고 현실적인 대책을 강구했다. 이것은 군사학자로서의 책임이다. 그는 고전 강독은 물론 일본 주변과 세계에서 무슨 일이 일어나는지 정확히 파악하고 이를 바탕으로 실천적인 사고를 했다.

요시다 쇼인은 단지 정보를 모으기만 하는 것에 그치지 않고 현지에 찾아가서 직접 눈으로 관찰하기도 했다. 그가 도호쿠 지방으로 여행을 간 일화가 유명한데, 도호쿠 지방은 러시아와 가깝기 때문에 국가 운영에 중요하다는 생각에 몸소 찾아간 것이었다. 흑선 내항(黑船来航, 1853년 미국 해군 동인도 함대가 일본에 내항한 사건-옮긴이) 때는 우라가(浦賀)에 가서 실제로 흑선을 타 보기까지 했다. 이 사건으로 체포된 요시다 쇼인은 이송 중에 다음과 같은 시를 읊었다고 한다.

"감추려면 감출 수 있다는 걸 알면서도 멈출 수 없는 일본 민족의 혼."

교사의 동경이 학습자의 동경으로

쇼카손주쿠는 1856년 7월부터 1858년 12월까지 약 2년 반 동안 요시다 쇼인에 의해 운영되었다. 2년 반이라는 짧은 세월이 국가의 역사를 바꾸는 기폭점이 된 것이다. 쇼카손주쿠의 숙생들은 막부 몰락과 메이지 유신의 흐름을 이끌었고, 메이지 시대에 들어서도 근대 일본 건설의 중심이 되었다.

하나의 사숙에서 이처럼 많은 인재가 배출된 것은 교사인 요시다 쇼인의 뛰어난 자질과 관련이 있다. 그는 고전과 현실 문제를 관련지어 끊임없이 질문하고 의식을 활성화했다. 학습 형태를 활성화했을 뿐 아니라 자신의 열정을 전달함으로써 숙생들의 의식까지 활성화했다.

물론 교육 방법상의 연구도 중요하지만 무엇보다 교사 개인의 넘치는 열정이 학습자의 의욕에 불을 지피고 의욕을 환기시킨다.

나는 교육의 근본적인 원리는 '부모와 교사가 품고 있는 동경을 아이들이 고스란히 이어받는' 관계성에 있다고 생각한다. 무언가를 향한 교사의 강한 동경이 학습자의 동경을 환기시킨다. 예를 들어, 물리학을 사랑하는 교사가 뉴턴과 아인슈타인에 대한 동경을 학생들에게 열정적으로 설파했다고 가정하자. 학생들은 그들의 대단함에 눈을 뜨고 물리학을 더 깊이 배우고 싶어 한다. 물리학이라는 위대한 학문을 향한 교사의 동경이 학습자의 동경으로 전파되는 것이다.

또한 부모가 아이에게 모네의 작품이 위대하다고 칭송하며 모네에 대한 동경을 뜨겁게 전달했다고 생각해 보자. 부모는 모네의 어떤 점이 위대한지 구체적으로 설명하고, 아이와 도록을 보며 함께 감탄한다. 이처럼 함께 감탄하고 동경하는 관계성이 생기면 일방적으로 가르치지 않더라도 학습이 진행된다. 모네의 위대함에 눈뜬 아이는 평생 모네의 작품을 보며 기쁨을 느낄 수 있다.

프랑스의 사상가이자 문학평론가인 르네 지라르는 《낭만적 거짓과 소설적 진실Mensonge Romantique et Verite Romanesque》이라는 책에서 "욕망은 타인의 욕망을 모방한다"라고 말했다. 헤겔도 이와 비슷한 말을 했듯이, 우리는 타인의 욕망에 감화될 때 그 욕망을 자신의 욕망으로 바꾼다. 유행이 빈번히 생기는 현상을 보면 이해하기 쉽다. 어떤 것이 한번 유행하기 시작하면 모든 사람들이 갖고 싶어 하고, 보고 싶어 한다. 그러나 유행이 지나면 아무도 뒤돌아보지 않는다. 그 이유는 대상물에 본질적인 가치가 있다기보다는 주위의 욕망이 전파되었기 때문이다. 모방에 의한 욕망의 증대가 이른바 자동운동으로 일어난 것이다.

교육 현장에서도 교사가 새로운 세계에 강한 동경을 품으면 동경의 모방이 일어난다. 단지 학습자를 자유롭게 내버려 두고 주체성이 발휘되기만을 기다린다면 과연 스스로 미적분을 학습하고, 물리학을 배우고, 라틴어와 한문을 읽는 학생이 나타나리라 기대할 수 있을까?

부모의 동경이 학습 환경으로

어떤 학문에 대해 진심으로 훌륭하다고 생각하지 않으면 학습자의 의욕에 불을 지피기 어렵다. 학문이 꼭 처음부터 재미있으란 법은 없다. 대개는 지루한 여정을 거쳐 학문을 이해하고 자유자재로 응용할 수 있게 되었을 때 비로소 그 학문의 위대함과 재미를 깨닫는다. 교사는 학생들이 그 재미를 맛볼 수 있도록 지속적인 열정으로 가르쳐야 한다.

예를 들어, 높은 산에 오르려면 길잡이가 필요하다. 일본의 중세 수필 《쓰레즈레구사》에는 "무슨 일에든 선도자가 있어야 바람직하다"라고 적혀 있다. 길잡이가 없으면 가려고 하는 목적지가 산 정상에 있지만 초보자는 그 사실을 알지 못해 산을 오르지 않고 발길을 돌리는 일이 생긴다.

학생들에게 맡기면 전 교과를 망라하여 의욕적으로 학습하리라는 생각은 지나친 환상이다. 현재 일본의 고등학교에서 물리 과목을 선택하는 학생은 20퍼센트에도 못 미친다. 1970년대에는 약 90퍼센트의 학생이 물리 과목을 배웠다. '선택의 자유'를 도입한 결과 고등학생의 70퍼센트 이상이 물리를 배우지 않게 된 것이다.

물리는 계산이 필요하므로 산수나 수학에 자신이 없는 학생은 등한시하는 과목이다. 그러나 수학에 자신이 없기 때문에 또는 생물이나 지리학을 배우고 있기 때문에 물리를 배우지 않아도 된다는 생각은 옳지 않다. 이러한 이유로 물리학처럼 중요한 학문을 다루지 않고 고등학교를 졸업하는 사람이 대다수를 차지하게 된 것은 학생의 주체성과 선택의 자유를 강조한 데 따른 악영향이다.

우리는 자유, 개성, 주체성이라는 그럴듯한 말에 현혹되기 쉽다. 학교는 어느 정도의 강제성을 띠고 학생이 배워야 할 지식을 배우게 하는 데 기본적인 존재 의의가 있다. 개인의 개성과 자유, 주체성에 의지한다고 해서 학습이 폭넓고 깊어진다는 보장은 없다. 오히려 현실은 그 반대의 결과를 보여 준다.

핵심은 교사와 부모의 열정 그리고 동경하는 힘이다. 그리고 그 열정이 환경 조성으로 이어진다.

2004년 아테네 올림픽 때 금메달을 딴 무로후시 고지 선수의 아버지 무로후시 시게노부 씨는 해머던지기로 '아시아의 철인'이라고 불린 명선수였다. 시게노부 씨는 아들에게 해머던지기를 하라고 강요한 적이 없었다. 아들이 자연스럽게 해머던지기에 흥미를 느끼고 훈련을 했을 뿐이다.

만약 부모에게 해머던지기에 대한 열정과 환경 조성을 위한 노력이 없었다면 자식이 흥미를 느끼는 일도 없지 않았을까? 적어도 내가 아는 한 자발적으로 해머던지기를 하게 된 선수는 없다. 시게노부 씨가 해머던지기로 세계 최고가 되겠다는 강한 동경과 열정을 품고 환경을 조성했기 때문에 고지 선수의 금메달 획득이라는 결과도 있었을 것이다.

금메달을 딸 정도의 수준에 이른 후에도 시게노부 씨는 매번 아들의 영상을 촬영하고 점검했다고 한다. 고지 씨는 독자적인 연습 방법을 개발해 내는 것으로 유명하다. 그는 높은 굽 하나만 달린 게타(일본 전통 나막신-옮긴이)나 부채를 이용한 연습 방법을 연구했다. 이야말로 의욕적이고 주체적으로 학습하는 새로운 학력의 모델이 아닌가. 고지 씨의 '배우는 힘'은 아버지 시게노부 씨가 끝없이 응원한 덕분에 습득되었다고 볼 수 있다. 교사와 부모의 열정과 환경 조성 그리고 곁에서 응원하는 힘이 학습자와 자녀에게 의욕을 불어넣고 적극적으로 배우고자 하는 힘을 키운다.

동경과 열정을 배제하고 새로운 학력과 액티브 러닝이라는 표면적

진정한 학력

인 교육 방식만 실천하는 것은 기초 공사를 빠뜨린 건축과 같다. 중요한 추진력 없이 형태만 바꾼다면 학습의 확대와 심화는 기대할 수 없다. 교실과 가정의 학습 공간을 지탱하는 것은 바로 교사와 부모의 열정과 배려다. 매뉴얼화하기 힘든 이러한 근본적인 요소야말로 '새로운 학력'의 근간이다.

후쿠자와 유키치를
키운 것은

'유용한 학문'

마지막으로 '새로운 학력'의 원류에 해당하는 또 다른 인물을 만나 보자. 후쿠자와 유키치(1835~1901년, 메이지 유신의 지도자 중 대다수가 일본의 근대화를 위해 정한론을 주장하였다. 그 역시 수많은 저술에서 정한론을 지지한 것으로 알려져 있다-옮긴이)는 메이지 시대를 대표하는 개화적 인물이다. 그는 서양 제국의 문명을 배우고 실학을 중시했으며, 과학을 중심으로 실생활에 도움이 되는 학문을 강조했다.

시찰과 추구와 독서는 지식을 모으고, 담화는 지식을 교환하며,

진정한 학력

저서와 연설은 지식을 확산하는 방법이다. 그런데 이 중 혼자서 가능한 방법이 있더라도 담화와 연설은 반드시 타인과 함께 해야 한다. 이로써 연설회의 중요성을 알 것이다.

이상은 그의 저서 《학문의 권장》 중 일부다. 지식과 견문은 서로 교환할 때 가치가 올라간다. 그룹 토론과 발표의 중요성은 메이지 시대 초기부터 후쿠자와 유키치가 언급했으니 이제 막 부각된 것이 아니다. 그런 의미에서 후쿠자와 유키치는 상당히 오래전부터 새로운 학력의 싹을 틔운 셈이다.

액티브한 독서

이처럼 후쿠자와 유키치는 개화적인 사고방식을 지녔으나 정작 자신은 전통적인 교육을 받아 왔다. 그 시대의 일반적인 교육 방식인 《맹자》 소독을 하고 한자 강의를 들었으며, 그중에서도 《춘추좌씨전》에 해박했다. 그의 자서전 《후쿠옹자전》에서는 다음과 같은 이야기가 나온다.

특히 나는 좌전에 강했다. 대부분의 서생은 좌전 15권 중 3, 4권에 그쳤으나 나는 전부 통독했을 뿐 아니라 열한 번쯤 반복하여 읽었으며, 재미있는 부분은 암기하고 있었다.

단순한 독서가 아니다. 그는 원저(原著) 15권을 통독한 것도 모자라 무려 열한 번이나 읽었다고 한다. 독서는 전통적 교육을 상징하는 활동이지만 열한 번이나 읽는 상식을 초월한 행위는 주체적이고 액티브한 활동이다.

에도 시대에는 소독을 중심으로 여러 번 반복해서 읽으며 체화하는 독서법이 일반적이었다. 지식의 내용만 본다면 《춘추좌씨전》은 고리타분할지도 모른다. 하지만 청소년기에 여러 차례 반복해서 읽고, 재미있는 내용은 암기까지 한다면 평생 남는 지적 재산이 될 것이다.

외국어 독해력

나가사키에서 공부하며 네덜란드어를 접한 후쿠자와 유키치는 오사카에 위치한 오가타 고안의 사숙에 들어가서 네덜란드어를 본격적으로 학습했다.

《후쿠옹자전》의 '오가타의 숙풍(塾風)'을 읽어 보면, 사숙에서 치러진 네덜란드어 시험 때문에 그는 철저히 독해 훈련을 했다고 한다.

진정한 학력

후쿠자와 유키치는 '독해'라는 소박한 공부 방식을 수년간 지속했다. 한 달에 여섯 번이나 치러진 시험으로 네덜란드어 독해 실력을 엄격한 기준으로 평가하고 순위가 매겨졌다. 이러한 수업은 학생 개개인이 주제를 연구하고 리포트를 제출하는 수업과는 전혀 다르다. 개성과 주체성이라는 요소는 배제되고 오로지 외국어를 읽기 위한 어학력이 요구된다. 이 같은 수련을 수년간 쌓은 결과 후쿠자와 유키치는 외국어 독해력을 자신의 재주로 습득할 수 있었다.

후쿠자와 유키치는 시대의 주류가 네덜란드어에서 영어로 넘어간 사실을 알고 한때 절망했으나 양학자로 살아가려면 영어를 익혀야 했으므로 '일체만사영어(一切萬事英語)'라는 각오를 다지고 또다시 학습에 몰입했다. 다음은 《후쿠옹자전》 개정판에 나오는 내용의 일부다.

요컨대, 우리가 처음 난학(蘭學, 에도 시대에 네덜란드를 통해 전수된 유럽의 학문-옮긴이)에서 영학(英學)으로 넘어가려 했을 때 진정 난학을 버리고 수년간 공부한 결과를 헛되이 하여 일생의 간난신고(艱難辛苦)를 두 번 겪는다고 생각한 것은 크나큰 불찰이다. 사실 난(蘭)이건 영(英)이건 똑같은 서양어라 문법이 유사할 뿐 아니라 난서를 읽는 능력은 자연히 영서에도 적용되어 결코 무익하지 않다. 물에서 헤엄치는 일과 나무를 오르는 일처럼 전혀 다르다고 생각했던 것은 한때의 망설임이었음을 밝힌다.

네덜란드어냐 영어냐의 문제가 아니라 문법을 이해하고 독해하는 근본적인 어학력의 습득이 관건이라는 얘기다.

사전을 찾아 단어를 외우고 독해 연습을 해서 어학을 익히며 이를 시험으로 확인하는 학습 형태에서는 개성과 주체성을 찾아보기 힘들다. 토론과 발표도 오가타 사숙의 방식이 아니었다. 그러나 외국어 독해 기술을 철저히 수련한 시간이 훗날 후쿠자와 유키치의 활동에 근본적인 기반이 되었다는 사실은 주목할 만하다.

그는 게이오기주쿠(慶應義塾, 후쿠자와 유키치가 세운 사숙으로, 현 게이오기주쿠 대학의 전신이다—옮긴이)의 커리큘럼에 관해 언급할 때도 양서(洋書)를 원서 그대로 읽는 능력을 강조했다. 원서를 읽을 줄 아는 사람은 진보한 학문을 스스로 깨우칠 수 있다. 후쿠자와 유키치는 이러한 근본적인 학력을 오가타 사숙에서 배우고 게이오기주쿠의 숙생에게도 가르치고자 했다.

지금도 단지 영어 수준을 평가할 목적이라면 일반 시험을 통해 실력을 파악할 수 있고, 그 내용은 개성과 주체성과는 관련이 없다. 기본적으로 평가하는 것은 어학력이라는 명백히 전통적인 학력이다.

진정한 학력

강제력의 효용

전통적 교육의 장점은 교육 내용을 확실히 습득시킨다는 점이다. 시험이라는 강제력을 동원하여 학습에 긴장감을 불어넣고 객관적으로 평가한다. 새로운 학력은 전통적 학력에 비해 일률적인 시험으로 평가하기가 어렵다. 때마다 치르는 시험을 통해 자신의 실력을 객관적으로 파악할 수 있는 환경에서는 냉정한 평가가 이루어져 학력 향상의 목표가 명확해진다. 만약 오가타 사숙이 네덜란드어 독해 실력을 절차탁마하는 수련의 장이 아니라 현 학교에 도입된 '종합적 학습'처럼 두루뭉술한 방식을 취하는 곳이었다면 과연 일본의 근대화를 이끈 양학자 후쿠자와 유키치는 탄생할 수 있었을까?

후쿠자와 유키치는 한학을 기피하고 서양의 학문을 장려했으나 평생 집필한 저서에는 한자의 소양이 활용되었다. 그의 가장 큰 업적은 방대한 저서로 전국에 영향을 미친 점인데, 그 저서는 십대에 익힌 한자 소양을 기반으로 한다. 후쿠자와 유키치는 언어를 사용하는 법과 자신의 의견을 정확히 표현하는 방법을 자유자재로 구사했다. 그는 자신의 생각이 정확하게 전달되는 명료한 글을 썼다. 그 명료하고 풍부한 글은 한자 수련을 거친 사람이 아니라면 쓸 수 없는 문체로 이루어져 있다.

훌륭한 인물이 무언가를 주장할 때 우리는 그 주장의 내용과는 별개로 해당 인물이 어떤 배움의 과정을 거쳤는지 주의 깊게 살펴볼 필요가 있다. 훌륭한 인물의 주장이 반드시 결과를 뒷받침하는 것은 아니지만 과거의 교육은 최소한 그 인물을 탄생시켰다는 성과를 냈기 때문이다.

메이지 시대에 일본을 근대 국가로 이끌어 온 주역은 에도 시대에 소독 중심의 학습을 해 온 사람들이다. 전통적 교육의 대표격인 소독을 중심으로 학습한 사람들이 어떻게 세계가 놀랄 만한 급속한 근대화를 이룰 수 있었을까? 이 역설에 관해 곰곰이 생각해 보자.

메이지 시대와 제2차 세계대전 이후에는 특히 문제 해결 능력이 필요한 시대였다. 정보를 재빨리 입수하여 현실에 대응하는 조속한 적응력은 새로운 학력의 지향점이다. 역사를 살펴보건대, 이러한 적응력을 발휘한 사람들은 전통적 학력에 의해 배출되었다는 사실을 잊어서는 안 된다.

제 5 장

'진정한 학력'을
기르는 방법

액티브 러닝의
실천

인물의 핵심을 만들다

'새로운 학력'과 '문제 해결형 학력'을 추구하는 것은 현대의 흐름이다. 변화가 극심한 상황에서 개인이 적절한 판단을 하기 위해서는 어쩔 수 없는 현실이다. 하지만 지금까지 살펴본 것처럼 새로운 학력은 다양한 학문에 근거한 전통적 학력과 협력했을 때 비로소 진정한 힘을 발휘한다.

앞에서 여러 차례 지적했듯이 문제 해결형 학력을 기르는 교육에는 교사와 부모의 숙련된 기술, 교육에 대한 열정 그리고 학생과 자녀 개개인을 위한 성실한 보살핌이 필요하다. '자발적인', '개성 있는' 인물을 육성한다는 것은 결코 학생을 방치한다는 뜻이 아니다.

더욱 중요한 요소는 인간성의 핵심을 이루는 '지(志)의 교육'이다. 아무리 그래프나 수식을 보고 상황을 판단하는 능력이나 유창한 영어로 발표하는 능력을 기른다 한들 그 인물의 핵심에 학문을 사랑하는 열정과 선(善)을 추구하는 논리관이 없다면 그 능력들은 단순한 기술에 불과하며 아무런 의미도 지니지 못한다. '연마한 학력으로 무엇을 생각하고 추구할 것인지'가 진정으로 중요하다.

2008년 세계적인 경제 불황을 초래한 리먼 쇼크를 떠올려 보자. 리먼 브라더스에서 근무하며 세계의 금융을 견인했던 이들은 아마도 수학적 능력에 강하고 프레젠테이션 능력을 갖춘 '문제 해결 능력'에 매우 뛰어난 사람들이었을 것이다. 그러나 문제가 발생하고, 그 결과가 세계적으로 파장을 불러일으켰음에도 불구하고 이에 책임을 지는 모습은 없었다.

듀이와 루소가 지향한 것처럼 사회의 한 축을 담당하는 민주적 사회의 일원을 육성하려면 또는 요시다 쇼인과 후쿠자와 유키치처럼 자발적으로 생각하고 행동하며 책임을 지는 인물을 배출하려면 그 인물의 핵심을 이루는 '지(志)'가 있어야 한다. 이것은 단순히 '머리'로만 생각하는 개념이 아니라 매우 '신체적'이다. 신체적이라는 말은 곧 '한 사람 한 사람이 다르다'는 뜻이다. 키가 큰 사람도 있고 작은 사람도 있으며, 본디 체력이 강한 사람도 있고 쉽게 지치는 사람도 있다. 하지만 이러한 '개성'을 무시한 채 '문제 해결 능력'과 '판단력'을 일률적으로 기르기란 불가능하다. 수치화와 일반화가 어렵기 때문에 그 대전제가 더욱 중요하다.

그렇다면 교사와 부모로서 새롭고 진정한 의미의 '문제 해결' 능력을 키워 주려면 어떻게 해야 할까? 이 책의 마지막 장에서는 교육자의 한 사람으로서 오랫동안 실천해 온 구체적인 사례를 몇 가지 소개하고자 한다.

독서를 통한 액티브 러닝

먼저 대학에서 실시하는 액티브 러닝의 실사례를 한 가지 소개한다.

나는 대학에서 여러 교직 과정 수업을 맡고 있다. 그중에 '교육 기초론'이라는 과목이 있는데, 수업 시간은 주 1회 90분씩 총 15회이며 수강 인수는 약 100명이다. 수강생은 대체로 교사를 지망하는 대학교 1학년생이라 수업이 시작되는 4월에는 불과 한 달 전까지만 해도 고등학생이었던 학생들이다.

이 수업의 프로그램은 다음과 같다. 우선 크게 전·후반부로 나눈 후 전반에는 각 차수의 주제에 따라 강의를 진행하고 후반에는 액티브 러닝 시간을 배치한다. 액티브 러닝 시간에는 책 읽는 습관을 길러 주기 위해 자신이 선택한 신서(新書, 다양한 논픽션 장르를 다루는 일본 출판물 형식의 하나로, 판형이 작고 분량도 적은 편이다―옮긴이)를 읽게 하고, 한 주 뒤에 그 책에 관해 발표를 시킨다. 신서에는 집약적으로 정리된 학문적 성과가 담겨 있다. 고등학교까지의 학습과는 달리 광범위한 학습에 눈뜨게 하려면 신서를 다독하는 방법이 효과적이다. 학생들이 일주일에 세 권의 신서를 읽고 발표를 할 때도 있었다. 신서를 읽는 데 익숙해지면 문제의식이 깊어지고 다양한 학문의 재미를 발견할 수 있다.

이 활동의 핵심은 독서의 성과를 다른 학생에게 발표하는 '아웃풋'이 목적으로 설정되어 있다는 점이다. 어떤 책이든 자신이 좋아하는 책을 골라 읽었으면 반드시 발표를 하게 하는 방식을 취한다. 다른 사람에게 정확히 설명할 수 있는 독서를 추구하는 것이다.

구체적으로는 네 명이 한 조를 이루어 자신이 읽은 책에 관해 각자 1~2분간 설명한다. 이때 발표자는 혼자 기립한다. 발표가 끝나면 넷이서 1분간 토론하고, 토론이 끝나면 다음 발표로 넘어간다. 전원에게 차례가 돌아가도 총 10여 분의 시간이 소요될 뿐이지만 그 사이에 농밀한 학습이 진행된다. 학생들은 긴장감 속에서 책의 내용을 발표하고 토론한다. 신서 네 권 분량의 전문적 지식이 바탕에 있으므로 단순한 대화와는 질적으로 차원이 다르다.

자신이 읽어 온 책을 다른 사람에게 추천하고 소개하면 그 책에 대한 애착이 한층 깊어진다. 마치 저자의 대변인이 된 양 열심히 설명하게 된다. 이러한 열의가 없으면 나머지 세 사람에게 내용을 제대로 전달할 수 없다. 전원이 발표하고 토론을 끝낸 다음에는 어떤 학생의 발표가 가장 좋았는지 동시에 호명하여 선발하게 하고, 토론에서는 누가 가장 창의적이었는지 투표를 실시한다. 자신의 발표가 어떤 평가를 받으면 긴장감이 생기고, 다음에는 더 개선해야겠다는 동기 부여가 된다.

독서는 비교적 개인적인 활동이라고 생각하기 쉽다. 실제로 학교에서 독서 감상문을 쓰기도 하지만 교사에게 과제물로 제출하고 끝나는 경우가 많다. 하지만 이를 아웃풋과 평가를 전제로 실시하면 독서는 더욱 현대적이고 효과적인 과제로 탈바꿈한다.

학생들은 책을 읽으며 이 내용을 다른 사람에게 어떻게 설명하면 좋을지를 생각하게 된다. 자신의 관심, 호기심, 문제의식이라는 적극적인 인식을 가동하여 책을 읽는다. 어떤 문장을 인용하면 좋을지 궁리하며 인용문을 선택하고, 의문이 드는 부분에 삼색 볼펜으로 밑줄을 긋기도 한다. 자신에게 그 책이 어떤 의미를 부여하는지 표시하고 의식함으로써 책과의 관계가 한층 깊어지고 활성화된다. 단순히 책을 읽고 설명하는 것이 아니라 토론까지 함으로써 문제의식이 확장된다. 또한 다른 학생의 발표 내용을 듣고 토론에 참가하면 그 학생이 읽은 책을 읽고 싶어지는 효과도 있다.

이처럼 '독서 → 발표 → 토론 → 독서'로 이어지는 흐름이 생긴다. 학생의 독서 습관을 위해서는 학생 자신이 독서한 내용을 바탕으로 다른 사람 앞에서 자신의 관점을 발표하는 환경을 조성하는 방법이 효과적이다. 책의 종류를 신서로 제한하는 이유는, 학생에게 선택권을 주면 오락 위주의 책이나 유치한 책을 선택하는 경우가 많기 때문이다. 명확한 학문적 지식이 담긴 지적 수준이 높은 책을 읽을 때 이것이 학력 형성의 기반이 된다.

독서는 문제 해결형 학력에도 기초가 되는 지적 활동이다. 지적인 학문 축적이 전제되지 않은 토론은 그저 각자의 생각만 늘어놓는 수다의 장이 될 우려가 있다. 독서는 새로운 학력에 필수적이고 중요한 활동이다.

프린트 한 장의 힘

'이것이 대단하다!'라는 주제 아래 그룹 내에서 자신의 문제의식을 발표하는 액티브 러닝 방법도 있다. 간단히 설명하면 자신이 좋아하는 학문에서 '대단하다'고 느끼는 내용에 대해 세 가지 요점을 들어 설명하는 활동이다. 이때 반드시 A4 한두 장 분량의 프린트를 준비해 오도록 한다. 프린트를 만들면 발표의 질이 훨씬 높아지기 때문이다. 자기 생각을 즉흥적으로 이야기하는 방식으로는 사고가 질적으로 향상되지 않는다. 하지만 프린트에 요점을 정리할 경우 사고가 깊어진다.

프린트 작성을 의무화하면 진지하고 적극적으로 조사하게 된다. 또한 프린트를 준비하는 행위는 발표를 듣는 사람에 대한 최소한의 예의라는 사실을 학생에게 이해시킨다. 나는 반 농담으로 "발표 프린트는 수영 시간의 수영복과 같습니다. 수영복 없이 수업에 참가하면 본인은 아무렇지 않더라도 다른 사람에게는 민폐가 되므로 반드시 프린트라는 수영복을 가지고 와야 합니다"라고 말한다. 이처럼 프린트의 중요성을 강조하면 100여 명의 학생 전원이 프린트를 준비해 온다.

프린트 작성 능력도 회를 거듭할수록 향상한다. 컴퓨터로 깔끔하게 정리해 오는 학생이 있으면 다른 학생들도 자극을 받아 깔끔히 작성하게 된다. 이미지를 삽입한 프린트가 좋아 보이면 자신도 시각적으로 다른 사람의 흥미와 관심을 끄는 결과물을 만들려고 노력한다. 프린트 작성 능력은 ICT 활용 능력과도 관련이 있다. 파워포인트 등을 활용할 경우 어디에서 발표해도 부끄럽지 않을 프레젠테이션 능력을

진정한 학력

기를 수 있다. 물론 기존 자료를 복사해서 붙이는 행위는 금지하고, 스스로 생각한 요점 세 가지를 분명하게 제시하도록 한다.

이 활동에서도 네 명이 한 조를 이루어 한 사람씩 발표한 후 그 주제에 관해 토론하는 과정을 순서대로 실시한다. 마지막에는 '어느 학생의 프린트가 가장 잘 준비되었는지', '종합적으로 어떤 학생의 발표가 가장 좋았는지' 투표를 통해 선정한다. 한 표도 받지 못한 학생은 다소 충격을 받겠지만 다음 발표에 확실히 개선하겠다는 동기로 작용한다. 열심히 준비한 결과 많은 득표수를 얻는 경험을 맛본 학생은 다음에도 표를 받기 위해 더 열심히 준비해야겠다는 의욕이 생긴다. 나는 매주 출석표 뒤에 수업 감상을 적어서 제출하도록 하는데, "그룹 내에 프린트를 잘 정리하는 학생이 있어 자극을 받았다"라는 소감이 가장 많이 나온다. 절차탁마의 장을 조성하는 것이 바로 액티브 러닝의 핵심이다.

이 액티브 러닝 활동에서는 전원이 프린트를 준비하고, 모두가 적극적으로 참여하는 것이 중요하다. 학생 개개인이 당사자 의식을 지니고 참여하는 자세는 문제 해결 능력 양성의 가장 기본이며, 당사자 의식을 지니려면 스스로 준비하고 참여해야 한다.

프린트 한 장을 만들어 오는 것만으로도 당사자 의식을 지니게 할 수 있다. 프린트 작성 수준을 향상하는 것이 핵심이 아니다. 죽이 되든 밥이 되든 프린트를 만들어 오도록 하는 것이 관건이다. "업무에서는 마감을 지키는 일이 가장 중요하다"라고 설명하며, 다음 수업까지 책을 읽고 프린트를 준비하는 데 최선을 다하도록 한다. 단순한 활동 같아 보이지만 학생들은 이를 통해 많은 것을 얻을 수 있다.

신문 기사를 자신의 문제로

또 하나의 액티브 러닝은 신문을 활용한 발표 활동이다. 우선 신문에서 관심 있는 기사를 스크랩하거나 복사하여 노트의 좌측에 붙인 후 우측에는 기사의 내용을 요약하고 의견을 적는다. 신문을 구독하지 않는 학생도 많으므로 도서관에서 복사하거나 일주일 전의 기사를 선택해도 상관없다고 미리 알려 준다. 일주일분의 신문 스크랩북을 가지고 네 명으로 구성된 그룹이 돌아가며 발표를 진행한다. 발표는 1분간, 기사 내용을 알기 쉽게 요약하고 문제점을 설명한 다음 자신의 의견을 덧붙이도록 한다.

그러면 그 신문 기사는 '자신의 문제'가 된다. 다른 세상의 문제가 아니라 자신이 관심을 쏟고 적극적으로 개입하고 싶은 문제로 다가온다. 이것이 발표의 매력이다. 거의 모든 학생이 신문 기사 발표를 통해 사회의식이 고취되었다거나, 신문은 매우 훌륭한 자료라는 소감을 말한다. 정보량이 많고 사실을 토대로 사고할 수 있다는 점도 호평을 얻는다.

 문제 해결형 학력을 향상하기 위해서는 신문을 활용한 학습이 가장 효과적이다. 신문에 실린 기사는 모두 현실의 문제다. 문제를 억지로 설정하지 않아도 사회에는 이미 많은 문제가 산적해 있으며, 신문은 그 실태를 보여 준다. 현실을 정확히 파악하고 사실에 근거하여 어떻게 해결하면 좋을지 머리를 맞대고 생각하는 것은 민주주의 사회의 기본적인 모습이다. 사실의 공유 없이 자신의 생각만으로 토론에 참여한다면 별다른 성과를 얻을 수 없다. 되도록 편견을 배제하고 각 의견의 전제 사실을 확인한 후 대화하는 것이 문제 해결을 위한 토론의 규칙이다.

 감정적으로 대응하지 않고 다양한 시점에서 문제를 살펴보게 하고, 기사를 발표할 때는 다수의 의견을 준비하도록 한다. 찬성, 반대, 중립 세 가지 입장에서 정리하는 방법도 좋다.

 예를 들어, 영국의 EU 탈퇴 논의가 불거졌을 때 관련 기사를 바탕으로, 학생들은 단순히 감정적으로 이야기하는 것이 아니라 명확한 사실을 공유하고 생각할 수 있었다. 영국 국민의 가치관을 전제로, 우리의 문제였다면 어떤 입장을 취했을지 당사자 의식을 지니고 판단했다. '우리의 문제'라는 상상력은 학습을 진지하게 만든다. 당사자

의식으로 참여하면 신문에는 다양한 문제 해결의 주제가 가득하다.

나는 초·중·고등학교에서 월요일 아침마다 네 명씩 조를 짜서 신문 기사를 토대로 발표하는 활동을 도입했으면 한다. 매일 아침 10분간 책을 읽는 '아침 독서' 활동은 이미 정착된 곳이 많은데, 그 시간의 일부를 신문 발표로 전환하면 어떨까? 발표 시간을 월요일로 정하면 주말에 가족끼리 의논하는 시간도 생긴다. 18세 선거권이 도입된 후 주권자 교육의 중요성도 부각되고 있는데, 주권자 교육에는 신문이 매우 유용하다고 생각한다.

이러한 활동은 초등학교에서도 충분히 시행할 수 있다. 신문을 활용한 학습은 이미 학습 지도 요령에도 포함된 내용이다. 신문을 활용한 발표와 토론은 민주주의 사회의 주체로 활약하고, 새로운 학력을 배양하기 위한 기본적인 학습 활동이다.

프레젠테이션으로 용기를 함양하라

새로운 학력에는 다른 사람에게 자신의 생각을 표현하고 전달하는 능력이 포함된다. 그러나 자신의 생각을 정리하여 다른 사람 앞에서 이야기하려면 사고력은 물론이고, '용기'도 필요하다.

프레젠테이션이라는 말이 특별하게 들릴지 모르지만 사실 많은 초등학교에서 이미 발표라는 형식으로 프레젠테이션 연습을 해 오고 있다. 그런데 중학교와 고등학교로 학년이 올라갈수록 발표의 기회는 줄어들고, 교사의 설명을 듣는 수동적인 수업이 늘어난다. 따라서 중학교, 고등학교, 대학교에서 발표(프레젠테이션)의 기회를 늘리자는 것이 새로운 학력과 액티브 러닝의 흐름이다.

다른 사람 앞에서 이야기하려면 용기와 배짱이 필요하다. 청중이 많으면 많을수록 긴장되어 말이 유창하게 나오지 않는다. 단순한 방법이지만 이를 극복하는 최고의 특효약은 바로 '적응'이다.

대학 수업에서 100여 명을 대상으로 발표하는 학생들은 앞에 나오는 순간 손발이 떨린다고 말한다. 하지만 한번 발표를 하고 나면 오히려 쾌감을 느껴 두 번째, 세 번째 발표를 할 때는 자발적으로 앞에 나오려고 한다.

내용을 집약적으로 정리해서 말할 수 있도록 미리 연습하는 방법도 효과적이다. 가장 중요한 포인트는 요점과 결론을 맨 처음에 제시한 다음 구체적인 내용을 설명하는 것이다. 약 15초의 TV 광고처럼 요약해서 설명할 수 있도록 준비하는 것이 좋다.

이때 불필요한 말은 섞지 않고 의미가 정확히 전달되는 표현을 쓰도록 지도한다. 변명이나 서론은 생략하고 '음, 그러니까……' 등 망설이는 표현도 쓰지 않도록 지침을 준다. 이를 숙지한 학생의 발표는 상당히 유려하다.

　현대의 청년들은 정신적으로 유약하다는 지적이 나오곤 한다. 청년들도 자신의 정신력에 불안을 느낀다. 그러나 다른 사람 앞에서 자기 생각을 표현하고 전달할 수 있는 용기를 얻으면 자신도 몰랐던 정신적 강인함을 체험할 수 있다. 청중 앞에서 하는 프레젠테이션은 용기를 함양하고 정신력을 단련하는 아주 좋은 훈련이다.

프레젠테이션은 능력이 아닌 기술

　정신력을 단련하고 용기를 기르기 위해 전원이 영어 프레젠테이션을 하는 방법도 있다. 먼저 가능한 한 쉬운 영어로 내용을 전달하도록 준비한다. 영어 프레젠테이션이 끝나면 그 화제와 관련하여 영어로 대화를 나눈다. 이때도 어려운 영어가 아니라 쉬운 영어로 가볍게 대화할 것을 지시한다. 박수를 치거나 하이파이브를 하는 등 적극적으로 반응하기로 약속하면 영어로 말하는 용기가 생긴다.

　자신의 생각을 영어로 발표하는 연습은 어떤 국제적인 장소에서도 프레젠테이션을 할 수 있는 용기의 발판이 된다. 모처럼 좋은 아이디어가 떠올랐는데 적극적으로 발표하지 않으면 사회에서 인정받지 못한다. 특히 동양인은 자신의 생각을 적극 발표하는 능력이 필요하다.

이는 프레젠테이션 능력이 아니라 용기의 문제에 가깝다.

우선 영어로 프레젠테이션을 끝낸 다음 모국어로 발표하면 편안하고 유창하게 할 수 있다. '동양인은 프레젠테이션을 못한다'는 생각은 선입견이다. 프레젠테이션은 어려운 기술이 아니다. 적절한 지침을 주고 5회 정도 연습하면 초등학생이든 대학생이든 막힘없이 발표할 수 있다. 단지 발표에 적응하고, 사람들 앞에서 말하는 용기를 기르는 연습이 필요할 뿐이다. 생각을 정리하고 한정된 시간 내에 집약적으로 말하는 연습을 하다 보면 국제적으로도 전혀 손색없는 프레젠테이션을 할 수 있다. 필요 이상의 열등감과 콤플렉스는 백해무익하다.

액티브 러닝에서는 프레젠테이션이 큰 비중을 차지하는데, 프레젠테이션 능력 자체에 학습의 본질이 있는 것은 아니다. 몇 차례 연습하면 익힐 수 있는 기술을 지나치게 두려워한다면 학습의 본질을 오인하게 된다.

몸을 여는 훈련

다른 사람의 마음을 배려한 발언은 토론의 분위기를 부드럽게 만든다. 감정적인 마찰을 일으키지 않고 다양한 의견을 교환한다면 더욱 생산적인 대화를 나눌 수 있다. 물론 지나치게 양보만 할 경우 토론이 진척되지 않을 수 있다. 상대방의 생각을 정확히 이해한 후 질문하고 의견을 제시해야 한다. 적절한 질문과 의견을 주고받도록 꾸준히 의식하면 토론의 장을 활성화시킬 수 있다. 대화의 분위기를 원활하고 창의적으로 만드는 일은 그리 어렵지 않다.

토론의 기본은 자신의 의견을 목청 높여 주장하는 태도가 아니라 이해력이다. 상대방의 의도를 파악하고 감정을 깨달은 다음 사고를 심화할 만한 질문과 의견을 던진다. 서로 여러 관점을 제시함으로써 더욱 현실성 있는 문제 해결에 다다를 수 있다. 토론 시에는 노트를 준비하여 상대방의 요점을 메모하는 습관을 들인다. 미리 질문 사항을 메모하고 의견을 적어 두어도 좋다.

노트에 메모하는 동안에도 가능한 한 시선은 발화자를 향하며, 몸 전체로 반응하도록 유의한다. 듣는 사람은 가슴을 발화자로 향하고 몸 전체로 흥미롭게 경청하는 기본자세를 취해야 한다.

진정한 대화법이란, 상대방의 논리뿐만 아니라 감정까지 파악하는 것이다. 몸 전체로 경청하는 자세를 취하고 적극적으로 반응하며, 상대방 의견의 키워드를 동의하듯 반복하여 공감을 나타낸다. 이처럼 청자가 귀 기울이는 자세를 보이면 발표자의 마음은 편안해진다. 서로의 의견을 교환하고 나와 다른 생각을 받아들이며 사고를 심화하는 활동은 협동적인 학습의 기본이다.

경청하는 자세와 적극적으로 발표하는 자세의 기초는 바로 '신체'다. 신체가 타인을 향해 열려 있으면 분위기가 활성화한다. 국제적 의사소통이 필요한 현대에서는 특히 신체의 개방이 중요하다. 몸을 가볍게 흔들고 깊이 호흡하면 개방적인 자세를 취할 수 있다.

새로운 학력과 액티브 러닝의 중심은 적극성이다. 그리고 적극성은 몸 전체로 훈련해야 한다. 교사가 적극적이고 개방적인 자세를 유지하며 수업 분위기를 활성화하지 못할 경우 액티브 러닝 학습은 성과를 내기 어렵다.

고전력 양성

영양은 풍부하지만 먹기 까다로운 음식

문제를 해결하려면 끈기 있는 사고력이 필요하다. 난관을 눈앞에 두고도 의연하게 사고를 유지하는 이른바 '사고의 지구력'이 뒷받침 되어야 한다. 그리고 사고의 지구력을 양성하려면 '고전' 명작을 읽는 방법이 효과적이다.

즉 저자의 사고를 악착같이 따라가서 저자와 대화하듯이 사고를 심화하는 것이다. 고전 명작을 읽는 데는 다소의 노력이 필요한데, 그 노력이 사고의 지구력을 단련한다. 영양은 풍부하지만 먹기 까다로운 음식이 바로 고전 명작이다. 이 음식을 계속해서 씹으며 사고의 체력을 기르는 것이 끈기 있는 사고력을 단련하는 왕도다.

나는 '교육 기초론' 수업에서 《논어》, 후쿠자와 유키치의 《학문의 권장》과 《후쿠옹자전》, 데카르트의 《방법서설》, 도스토옙스키의 《죄와 벌》과 《카라마조프의 형제》, 니체의 《차라투스트라는 이렇게 말했다》를 과제 도서로 선정한다. 각각 날짜를 정해서 그 날까지 읽어 온 후 대화의 시간을 갖는다. 학생들은 단순히 책만 읽어 오는 것이 아니라 그 책에서 자극받은 부분을 선정한 후 자기 나름의 수업안을 짜서 프린트로 정리해 와야 한다.

똑같이 《논어》를 읽더라도 학생에 따라 자극을 받는 곳은 다양하다. 사제 관계에 초점을 맞추거나 배움에 관해 생각하거나 혹은 정신적인 도덕에 집중하는 등 다양한 주제 설정이 가능하다. 말하자면, 이는 똑같은 고전을 기본 교재로 삼아 학습자 개개인이 주제를 스스로 정하고 가능한 한 창의적으로 발표하는 활동이다. 세계적인 명작을 기본으로 공유하므로 대화의 수준이 높아진다. 학생들은 다른 학생의 발표를 들으면서 같은 책을 읽고 만든 수업안이 이렇게 다를 수 있다는 사실에 놀라면서 또 다른 자극을 받게 된다.

고전 읽기를 격려하는 방법

고전은 읽는 것 자체도 만만치 않을뿐더러 분량도 상당하다. 따라서 모든 학생이 완독하지는 못한다. 그럼에도 불구하고 일단 도전하여 자신이 이해한 범위 내에서 발표를 준비하도록 격려한다. 고전을 다룰 때는 분위기가 경직되기 쉬우므로 나는 일부러 '논어 축제', '유키치 축제', '데카르트 축제' 따위의 이름을 붙여 축제처럼 즐기게 한다.

까다로운 과제를 하려면 동기 부여가 필요하다. 그리고 동기 부여에는 교사의 리더십이 중요하다. 그 고전이 얼마나 훌륭한지 교사가 조리 있게 설명하여 의욕을 고취하고, 고전 명작을 읽는 것이 평생의 보물이 되리라는 확신을 불어넣으면 학생의 자세는 진지해진다.

이처럼 까다로운 과제를 해낸 학생은 자신의 끈기로 인해 자신감을 느끼게 된다. 《논어》를 읽고 데카르트와 도스토옙스키, 니체의 저서를 읽음으로써 세계의 문화 산맥을 돌파했다는 성취감을 얻을 수 있다. 이러한 독서는 학생에게 그 자체로 확고한 체험이 된다. 위대한 저자의 정신세계로 들어가 깊은 사고를 경험하면 매우 끈기 있는 정신력을 단련할 수 있다.

강인한 정신력이 능력이다

　현재 도입되려는 사례 연구형 문제 해결 훈련에 의구심을 느끼는 이유는, 그 훈련만으로는 진정한 문제 해결 능력을 얻을 수 없다고 생각하기 때문이다. 현실의 복잡한 문제와 새로운 문제를 극복하려면 무엇보다 정신적 강인함이 필요하다. '논리적 사고 훈련'이나 '문제 해결 사례 연구' 등의 수업은 매우 실천적이고 효과가 있는 듯 보이지만 실제로 문제 해결 능력의 핵심은 난관을 눈앞에 두고도 위축되지 않는 '정신력'과 '행동력'이다.

　고전 명작을 꾸준히 읽으면 저자의 정신력이 독자에게 전해진다. 정보를 처리하는 감각과는 전혀 다른, 위대한 인격과의 접촉에 따른 감화가 일어난다.

　진정한 문제 해결 능력이란, 전인격적인 강인함이다. 지식을 중시하는 '전통적 학력'과 문제 해결형 '새로운 학력'이 융합된 진정한 학력은 고전 명작을 읽고 아이디어를 도출하여 타인과 의견을 교환하며 사고의 깊이를 더해 가는, 이러한 탄탄하고 본격적인 학습을 통해서 기를 수 있다고 생각한다.

지·정·의·체의 중요성

살아가기 위한 세 가지 힘

일본 교육계는 지난 30년간 '살아가는 힘'을 슬로건으로 내세워 왔다. 그런데 나는 '살아가는 힘'이라는 표현이 너무 추상적이라고 생각해서 이를 '세 가지 힘'으로 재구성하여 제언한 바 있다. 바로 '모방의 힘', '절차의 힘', '의견의 힘'이다. 이 세 가지 힘을 익히면 험난한 현대 사회에서도 살아갈 수 있다고 생각했기 때문이다. 상세한 내용은 졸저 《아이에게 전하고 싶은 '세 가지 힘'》과 《교육력》에 담겨 있으므로 여기서는 종합적인 힘인 '지·정·의·체(知情意體)'에 대해 강조하고자 한다.

진정한 학력

먼저 '지·정·의'란, 지성과 감정, 의지를 뜻한다. 인간의 세 가지 심적 요소로서 '지·정·의의 원만한 발달' 등과 같은 표현으로 쓰인다. 지·정·의가 인간성의 세 가지 핵심이라고 이론적으로 주장한 사람은 독일의 철학자 임마누엘 칸트다. 칸트는 사람이 단지 지성만으로 살아가는 것이 아니라고 여기며 감정과 판단력도 중시했다.

지성의 함양이 중요하다는 사실은 두말할 나위도 없다. 지성이 있으면 자신과 생각이 다른 사람과도 침착하게 대화를 이어갈 수 있으며, 어려운 문제를 마주했을 때도 문제점을 냉철하게 분석하고 이성적으로 대책을 세울 수 있다. 이것이 지성의 힘이다.

감정적인 이해력도 공동 작업을 할 때 중요한 요소다. 아무리 지성이 뛰어나도 다른 사람의 감정을 이해하지 못한다면 함께 생활하고 일하기가 힘들다. 사소한 표정에서 상대방의 감정을 읽어 내지 못하거나 감정의 교류가 매끄럽게 이루어지지 않으면 원만한 인간관계를 유지할 수 없다. 직장에서 감정을 철저히 배제한 채 문제만 놓고 토론하기란 현실적으로 불가능하다. 상사의 기분을 언짢게 할 경우 대화가 제대로 이루어지기는 어렵다. 물론 상사도 부하의 감정을 배려하지 않으면 요즘 같은 시대에는 상사 자격이 없는 것으로 간주된다. 그런 만큼 감정적 이해력과 표현력은 현대에서 더욱 중요한 덕목이 되고 있다.

현실 문제를 해결하기 위해서는 의지도 빼놓을 수 없다. 머리가 좋고 타인을 이해하는 따뜻한 마음이 있다손 치더라도 의지가 없으면 난관을 극복할 수 없기 때문이다.

나는 문제 해결형 학력은 본질적으로 의지의 힘을 양성하는 데 기반을 두어야 한다고 생각한다. 현실 문제를 해결할 때 가장 중요한 것은 의지의 힘이자 행동력이다. '무슨 일이 있어도 반드시 해내겠다'는 강한 의지를 품으면 현실이 바뀐다. 스티브 잡스와 요시다 쇼인은 강한 의지가 있었기에 현실을 움직일 수 있었다. 의지의 힘은 새로운 난관을 마주했을 때 새로운 비전을 떠올리고 그 실현을 향해 행동하도록 이끈다. 그리고 의지의 힘을 기르려면 어떤 상황에서도 자신의 생각을 관철하는 훈련이 유효하다.

현실의 문제를 해결할 때는 언제나 지·정·의의 종합력이 필요하다. 직장이나 가정 내의 문제를 해결할 때도, 그보다 더 공적인 문제를 풀어야 할 때도 마찬가지다. 언제나 정(情)을 포함한 종합력이 뒷받침되어야 한다.

신체의 힘은 모든 학력의 근간

나는 '지·정·의' 세 요소에 '체(體)'를 더한 '지·정·의·체'를 강조하

진정한 학력

고 싶다. '체'란 체력과 기력을 가리키는 동시에, 타인에게 반응하는 신체적 자세도 의미한다.

우리는 언어로 소통하기 이전에 신체로 소통한다. 신체가 열려 있지 않으면 타인과 협동 작업을 하기 어렵다. 목소리에 생기가 있느냐 없느냐에 따라 분위기도 달라진다. 목소리는 대표적인 신체적 표현이다.

뛰어난 리더는 신체에서 열정이 느껴지고 목소리에 힘이 넘친다. 신체성의 종류는 다양하다. 템포가 빠른 사람도 있고 느린 사람도 있으며, 침착한 사람이 있는가 하면, 반응이 가볍고 재빠른 사람도 있다. 분위기를 생산적으로 만들 수 있다면 신체성의 종류는 문제되지 않는다.

일반적으로 신체성은 학력으로 인정되지 않는다. 그러나 모든 학력의 근간에는 신체의 힘이 있다. 후쿠자와 유키치는 "먼저 수신(獸身)을 만든 후 인심(人心)을 기른다"라는 슬로건을 교육의 기본으로 내세웠다. 우선은 건강한 신체를 만드는 데 전념하여 한껏 뛰놀고 영양을 섭취하며 휴식을 취한다. 반응에 민감한 신체를 키우는 일이 무엇보다 우선되어야 한다는 말이다. 후쿠자와 유키치는 이처럼 건전한 신체성이 있어야 인간으로서의 마음과 지성의 양성도 있다고 생각했다.

항상 신체를 유념하는 것은 진정한 문제 해결 능력을 위해 중요하다. 신체의 에너지가 있어야만 현실 문제에 대처할 수 있기 때문이다. 작가 무라카미 하루키는 자신의 조깅 습관과 관련하여, 체력이 없으면 악한 면을 포함한 인간 전체를 묘사하기 어렵다는 취지의 발언을 했다. 인간의 내면을 심도 있게 묘사하고 장편의 이야기를 창작하려면 체력이 중요하며, 체력을 단련하려면 훈련을 일과로 삼아야 한다는 뜻이다. iPS 세포로 노벨상을 받은 야마나카 신야 교수도 매일 조깅을 한다. 과학 연구를 지속하는 데도 체력은 필수기 때문이다.

거듭 강조하건대, 지·정·의·체의 네 요소를 종합적으로 키우면 진정한 문제 해결 능력을 갖출 수 있다.

실천해야 할 유교의 덕

유교는 동양인의 삶의 기본이었다. 유교 중에서도 지·정·의에 대응하는 삼덕(三德), 즉 지·인·용(知仁勇)이 장려되었다. 논어에는 다음과 같은 유명한 글귀가 있다. "지자(知者)는 미혹되지 않고 인자(仁者)는 근심하지 않으며 용자(勇者)는 두려워하지 않는다." 지혜롭고 현명한 사람은 미혹되지 않는다. 타인에게 성의가 있으며 진심으로 따뜻

진정한 학력

하게 대하는 사람은 쓸데없는 걱정을 하지 않는다. 용기가 있는 사람은 역경 앞에서도 두려워하는 법이 없다. 이 삼덕을 균형 있게 갖추면 훌륭한 인간성을 지녔다고 할 수 있다. 유학 경전의 하나인《중용(中庸)》에서도 지·인·용을 일컬어 어떤 상황에서든 실천해야 할 가장 중요한 '삼달덕(三達德)'이라고 했다.

《논어》는 약 2,500년 전에 쓰인 경전이다. 에도 시대의 유학자 하야시 라잔도《산토쿠쇼》에서 지·인·용이라는 삼덕의 중요성을 강조했으며, 에도 시대 260여 년간 지·인·용을 바탕으로 한 인간 형성이 교육의 핵심이 되었다. 오늘날에는 지·인·용이라는 단어를 일상적으로 쓰는 사람은 드물다. 하지만 단어 자체는 구시대적일지 몰라도 그 뜻은 여전히 인간에게 있어 핵심적인 덕목이다.

이처럼 간단한 표어로 교육 방침을 관철하는 방법은 매우 효과적이다. 지식으로서 이해하는 정도가 아니라 어렸을 때부터 표어로 삼고 일상생활을 삼덕에 비추어 반성하는 것이다. 삼덕을 기준으로 삼으면 언제나 기본으로 돌아갈 수 있다. 균형 있는 인격을 형성하고 타인과 원만한 관계를 유지할 수 있다면 단어의 새롭고 낡음에 연연할 필요는 없다.

단전에 새기는 힘

한 가지 제안을 하자면, 지·인·용을 체화하기 위해 '지'라고 소리 내어 말하며 미간에 가볍게 손을 얹어 보자. 그런 다음 '인'이라고 말하며 양손을 가슴에 올린다. 마지막으로 '용'이라고 말하면서 배꼽 아래에 양손을 대고 아랫배에 힘을 준다. 이는 지·인·용이라는 단어와 신체를 함께 각인하는 방법이자 지·인·용을 각 신체 부위에 대응하여 늘 잊지 않도록 하는 비결이다.

위의 신체 부위는 각각 상단전, 중단전, 하단전에 해당한다. 동양 의학에서 단전은 불로불사(不老不死)의 단약을 생산하는 위치를 뜻하며, 일반적으로는 배꼽 아래의 하단전을 가리킨다. 그러나 정확히 말하면, 단전은 상·중·하의 세 군데에 존재한다.

'지력'은 신체 부위 중 뇌의 지적 활동을 주관하는 전두엽 영역을 상징한다. 생각을 할 때 미간의 바로 위쪽에 손을 올리면 집중이 잘된다는 사람이 있는데, 이는 전두엽 영역과 관련된 자연스러운 현상이다.

그리고 사람에 대한 진심의 감정 '인'은 신체 부위 중 가슴과 관련이 있다. 우리는 감동해서 가슴이 뜨거워진다거나 가슴에 손을 얹고 생각한다는 표현을 쓴다. 가슴을 의식하면 자신의 감정을 파악할 수

진정한 학력

있고 걱정거리가 있으면 가슴이 동요한다. 타인이 괴로워하면 보는 사람의 가슴도 아파 온다. 그렇다면 진심과 성의를 나타내는 인의 부위는 가슴이라고 추측할 수 있다. 지·정·의의 '정'에 대응하는 신체 부위도 가슴이다. 정은 우리의 신체 감각 중 가슴 언저리에서 느낄 수 있는 요소다.

세 번째로 '용'을 상징하는 신체 부위는 배꼽 아래의 깊숙한 곳이다. 중국에서는 예부터 '하단전'이라고 불리는 곳을 용기의 원천으로 여겼다. 신체 요법의 원류인 인도의 요가에서도 이곳을 중요한 에너지 저장소로 인식한다. 일본에서는 무사가 '배'를 귀중히 여겼으며, 용기를 중시하는 무사의 정신이 하단전에 깃든다고 믿었다.

1938년부터 약 10년간 일본에 체류한 독일 학자 카를 프리트 뒤르크하임은 《배 - 인간의 중심》이라는 책에서 일본인이 배꼽 아래를 인간의 중심으로 생각하고 행동 규범의 축으로 삼았다는 사실을 방대한 사례와 함께 소개했다. 그는 하단전에 기력이 담겨 있어 '어떠한 난관을 마주해도 굽히지 않고 끝까지 해내려는' 끈기가 유지된다고 했다.

진심으로 문제 해결에 몰두할 때는 자기 몸 안에서 샘솟는 기력을 느끼게 마련이다. 일찍이 일본에서는 '배가 생기다(肚ができる)'라는 말을 '각오나 결심이 생긴다'는 뜻으로 썼으며 '배가 크다'라는 말은 '인간적인 그릇이 크다'는 뜻으로 통했다. '배를 가른다(腹を割る)'거나 '배를 정한다(腹を決める)'라는 표현은 각각 '개인의 본심을 내보인다', '각오를 다진다'는 의미의 관용구로 쓰인다. 실제로 인간은 머리로만 결정을 내리는 것이 아니라 배를 의식하여 결정한다.

일본의 문화는 허리와 배를 중시하는 '요복(腰腹)' 문화라고 생각한다. 허리와 배에 인간의 중심이 있으며, 여기서부터 결단하고 실행해 나가는 신체 감각이 일본의 문화를 지탱해 왔다.

무도는 물론 다도, 서도, 노(能, 일본 전통의 가무극─옮긴이), 가부키, 일본 무용 등 다양한 예도에서 허리와 배를 기본으로 여겼다. 허리와 배를 중심으로 심호흡을 유지하는, 즉 하단전으로 숨을 쉬는 호흡을 '단전 호흡법'이라고 부른다. 숨을 길게 내쉬고 배꼽 아래를 의식하는 단전 호흡을 하면 마음이 차분해지고 의지의 힘이 샘솟는다. 지·정·의의 '의'를 신체 부위에서 찾는다면 바로 하단전에 해당한다.

지·인·용과 지·정·의를 각각 상단전, 중단전, 하단전에 대응하는 것은 새로운 발상이지만 인간의 지극히 자연스러운 감각에서 기인한다. 상단전, 중단전, 하단전에 손을 얹고 '지·인·용' 또는 '지·정·의'라고 소리 내어 말한 후 마지막으로 하단전에 손을 올린 채 입을 오므리고 천천히 숨을 내쉰다. 이렇게 간단한 일련의 동작을 통해 살아가는 힘의 기본을 온몸으로 느낄 수 있다. 방대한 지식이 범람하는

진정한 학력

가운데 인생의 기본을 자신의 신체 감각과 함께 새겨 두는 일은 살아가는 힘을 지탱해 준다.

지·정·의·체의 균형

극복해야 할 문제를 마주하면 지·정·의·체의 균형을 유지하고 인간의 종합력으로 몰두한다. 타인과 협력하고 지력을 발휘하여 의지를 공유한다. 신체에서 샘솟는 기력을 느끼며 협동적으로 문제에 대처해 나가는 활동은 대단한 성취감과 행복을 가져다준다.

지식이 없으면 문제를 해결할 수 없다. 현실을 바꾸는 것은 아이디어와 행동이다. 그리고 아이디어 창출의 기본은 지식의 결합이다. 제임스 W. 영은 《아이디어 발전소 *A Technique for Producing Ideas*》에서 "아이디어란, 기존 요소의 새로운 결합에 지나지 않는다"라고 정의했다. 지식이 풍부하면 풍부할수록 결합된 발상도 풍부해진다.

이는 에디슨이 지식을 가장 중시했다는 사실과도 일맥상통한다. 지식을 체계적이고 효율적으로 습득하는 전통적 학력관은 실제로 아이디어를 창출할 때도 효과적이다. 전문적 지식에 근거하지 않은 아이디어는 단순한 발상에 불과하다. 지식은 현실을 바꾸는 아이디어를 탄생시키기 위한 중요한 조건이다.

하지만 지식이 있다고 무조건 아이디어가 나오는 것은 아니다. 그보다는 문제와 역경을 해결하려는 절박감이 중요하다. 잭 포스터의 《아이디어 모드 *How to Get Ideas*》에는 아이디어를 생산하기 위한 조언이 담겨 있다. 구체적으로는 "지금 시작하라", "진지해져라", "기한을 정하라", "해야 할 일 목록을 만들어라", "아이디어를 사 주는 사람이 없다면 스스로 팔아라", "끈기를 지녀라" 등의 메시지다.

이러한 조언은 기본적으로 마음가짐에 관한 것이다. 현실적인 아이디어 창출법은 한정된 시간 안에 문제를 해결해야 하는 절박한 상황을 설정하고 무작정 생각을 짜내는 것이다.

종합적 인간력

새로운 학력의 중심은 문제 해결 능력이며, 그 핵심은 현실을 바꿀 만한 아이디어를 창출하고 행동하는 것이다. 실현 가능하면서도 효과적인 아이디어를 제안하고 타인과 협동하여 행동으로 옮긴 후 현실에 맞게 수정을 더해 간다. 즉 '아이디어 → 행동 → 수정'의 순환이 현실의 문제를 해결한다. 이러한 아이디어와 행동은 절박한 당사자 의식에 의해 생기고, 발상은 궁지에 몰렸을 때 생겨난다. 어렴풋이 생각하는 수준이 아니라 필요성이 커지고 기한에 쫓기면 발상력이 발휘된다.

일례로, 나는 수업에서 '아이들은 MRI라는 의료 기구를 무서워하는데, 이를 보고 울음을 터뜨리는 아이도 있다. 아이들이 무서워하지 않는 방법을 연구해 보자'라는 과제를 낸 적이 있다. 이는 테드^{TED}라는 유명한 미국의 강연회에서 소개된 문제다. 학생들에게 이 문제를 해결할 구체적인 방법을 생각해 보라고 하자 'MRI 안에서 엄마의 목소리와 음악이 들리게 하자'는 등, 다양한 아이디어가 나왔다. MRI를 디즈니랜드 놀이 기구처럼 만들자는 의견도 있었는데, 이는 실제 현장에 반영된 아이디어였다. MRI를 놀이 기구처럼 만든 결과, 한 아이는 다음날에도 또 타고 싶다는 말을 했다고 한다.

지금 내가 의료계 당사자라는 가정하에 진지하게 궁리한다면 일반 학생에게서도 이런 아이디어가 나온다. '나는 당사자'라는 상상력은 문제 해결을 위한 아이디어 창출에 반드시 필요한 요소다. 당장 곤경에 처한 아이에게 어떻게든 해결책을 주고 싶어 하는 마음은 '정(情)'과 '인(仁)'의 마음이다. 어떻게든 해 주겠다, 무슨 일이 있어도 해결해 주겠다는 마음은 '의지'와 '용기'다. 이러한 마음가짐으로 기존의 지식을 동원하여 결합하는 힘이 바로 '지력'이다. 지·정·의·체를 총동원하여 다른 구성원과 형상화하고 다듬은 아이디어는 더 나은 현실을 만든다.

즉 아이디어를 창출하는 행위는 지·정·의·체와 지·인·용의 종합력에 의해 이루어지고, 협동적인 의사 결정을 통해 행동으로 옮겨진다. 행동하는 용기가 체내의 에너지로 자리 잡으면 현실은 더욱 바람직한 방향으로 바뀐다. 막연한 문제 해결형 학습으로는 충분하지 않다. 절박감을 느끼는 당사자로서 제한된 시간 안에 더 나은 방향을 추구해야 한다. 이러한 긴장감 있는 터전을 만드는 것이 바로 교사의 역할이다.

신체에 각인된 지·정·의·체와 지·인·용을 바탕으로 각 분야의 기본적이고 전문적 지식 체계인 전통적 학력을, 자발적으로 배우고 내보내는 액티브 러닝이라는 방식으로 학습한다면 현 사회의 문제를 해결할 아이디어를 창출하고 타인과 협동하며 강인한 의지로 현실을 바꾸어 나갈 수 있다.

이러한 종합적 인간력이야말로 진정한 문제 해결 능력이자 '새로운 학력'이라고 생각한다.

교사와 학부모들에게

전문적으로 교육을 연구한 지도 어느덧 30년 이상의 세월이 흘렀다. 지금까지 '아이들이 자라나는 교육이란 무엇일까', '진정한 힘이 되는 학력이란 어떤 것일까'라는 생각으로 교사를 양성하는 일에 종사해 왔다.

시간이 갈수록 교육에 대한 열정은 식지 않고 오히려 끓어넘치는 것을 느끼며, 나는 지·정·의·체를 반영하여 즐겁게 수업에 임하고 있다. 나에게 수업은 에너지가 넘치는 창의적인 시간이자 축제와 같은 공간이다.

내가 유별나기 때문이 아니다. 나처럼 교육을 일생의 사명으로 여기는 전국의 교육자가 똑같은 생각을 하고 있을 것이다. 직업 윤리는 물론이고 이를 초월한 열정이 일상의 교육을 뜨겁게 달군다.

나는 대학 교직 과정에서 전 학부 교사 지망생에게 교육법을 가르치고 있다. 교사가 된 수많은 제자들이 현장에서 부단히 노력한다. 주말을 반납하고 학생들의 동아리 활동을 지원하며 매일 학급 통신문을 쓴다. 학생들과 함께 울고 웃으면서 그야말로 학교 드라마 같은 일상을 보내는 교사가 많다.

동시에, 방대한 사무 업무에 치이고 학부모들을 응대하느라 에너지를 소모하면서도 학교 경영 활동까지 수행한다. 학생 지도 범위도 인생 상담까지 확대되었다. 수업 준비에 할애할 수 있는 시간은 점점 줄어드는 실정이다.

나는 이러한 상황에서 고군분투하는 교사들의 지침이 되었으면 하는 바람으로 이 책을 집필했다.

부모로서 이 책을 읽은 분들은 앞으로 교사들이 얼마나 험난한 과제를 해결해 나가야 하는지 공감하고 이해해 주셨으면 한다. 그리고 가정에서도 진정한 학력 향상이란 무엇인지 고민해 주시기를 바란다.

이 책에서는 '전통적 학력'과 '새로운 학력'이 통합될 수 있는 길을 제시했다. 이를테면, 전자는 농경적 학력, 후자는 수렵적 학력이라 할 수 있다. 지금까지 원만하게 해 온 농경의 과정을 제대로 계승하고 실천하는 것이 농경적 학력이다. 문화유산의 결정체인 교과서를 꼼꼼히 학습하고 놓치지 않는 행위는 훌륭한 '살아가는 힘'이다.

한편, 변화가 극심한 상황에서 두뇌와 신체를 빠르게 움직이는 것은 수렵적 학력이다. 그때그때 즉흥적으로 판단해야 하는 야생적이고 적극적인 지성 또한 현대 사회를 살아가는 중요한 힘이다.

우리는 물질적으로 풍요롭고 지루하지 않은 첨단 서비스 사회를 지향하는 한편, 그만큼 스스로에게 부담(스트레스)을 가하고 있다. 이러한 상황을 극복할 저력이 없으면 스트레스에 시달리다 못해 지치거나 사회에서 낙오자가 되기도 한다. 지금까지 상황을 극복할 저력, 즉 '진정한 학력'을 어떻게 습득할지에 관해 이야기하면서 마지막으로 한 가지 더 제안하고 싶은 것이 있다. 바로 '소독(素讀)'이다.

소독이란, 어려운 내용의 고전을 소리 내어 읽어 몸에 각인하는 학습법이다. 교사의 음독을 따라 읽으며 리듬과 함께 언어를 체화한다. 정보의 언어가 아니라 평생 자신의 몸속에서 살아 숨 쉬는 지혜의 언어다. 선생님의 해석과 의견은 언어의 리듬과 억양에 담겨 학생의 신체에서 재생된다.

현재 많은 학교에서 시행 중인 '아침 독서' 시간에 소독을 활용했으면 한다. 십수 년간 종합 지도에 힘써 온 NHK·E TV의 〈일본어로 놀자〉라는 프로그램에서도 소독의 정신을 강조한다. 역사적 인물의 혼이 담긴 언어를 체화하면 평생의 보물이 된다.

일본인 최초로 노벨상을 받은 물리학자 유카와 히데키 박사는 그의 책 《나그네》에서 5, 6세 때부터 조부와 함께 한문 서적을 소독한 자신의 경험을 밝히고 있다.

의미도 모른 채 따라 읽은 한문 서적이 내게는 큰 수확을 가져다주었다. 그 후 성인용 책을 읽을 때 문자에 대한 저항감이 사라졌다. 한자에 적응했기 때문일 것이다. 적응이란 대단히 무서운 것이다. 단지 조부의 목소리를 따라 읽었을 뿐인데, 나도 모르는 사이에 한자에 익숙해졌고 그 후로 독서가 확실히 수월해졌다.

물론 천재 물리학자의 이야기이긴 하지만 어려운 대상 앞에서 기죽지 않는 용기를 '적응'이라는 과정을 통해 획득한 사례는 일반인에게도 적용된다. 그리고 무엇보다 독서를 괴로워하지 않게 된 점은 가장 큰 소득이다. 책을 읽고 상상력을 기르는 행위는 문과, 이과를 불문하고 중요하다.

유카와 히데키 박사는 "나는 내 연구에 지·정·의의 세 요소를 포함한 전지전령(全智全靈)을 담고 싶었다"라고 밝히기도 했다. 이러한 열정이야말로 진정한 학력이 아닐까? 전지전령의 자세를 형성하는 데는 소독 체험이 중대한 역할을 한다고 생각한다.

지금까지 학력관의 흐름을 대략적으로 파악하며 과도기의 모습을 살펴보았다. 우리는 시대의 당사자로서 과연 어떠한 가치관을 지니고, 어떠한 길을 걸어가야 할까? 이 문제에 관해 생각할 기반을 제공했다면 필자로서 더 큰 바람은 없을 것이다.

이 책을 보완하는 졸저로, 새로운 의미를 창출하는 '생각하는 힘'에 관해서는 《생각의 기술》을, 교사에게 필요한 '자질과 역량'에 관해서는 《교육력》을 참고하시기를 바란다.

이 책이 탄생하기까지 애써 주신 편집부 후루카와 요시코 씨에게 감사의 인사를 전한다.

참고한 자료

학습 지도 요령, 중앙교육심의회 보고서, PISA 및 TIMSS 결과 등에 관해서는 문부과학성 홈페이지의 해당 페이지를 참고했다. 그 밖에는 다음의 자료를 참고했다.

- PISA 평가 결과(표 1 출전 포함) 관련_ 문부과학성 및 국립교육정책연구소(2013년 12월), 〈OECD 학생의 학력 성취도 평가–2012년 평가 국제 결과 요약(OECD 生徒の学力到達度調査–2012 年調査国際結果の要約)〉
- '새로운 학력관'에 관한 각 교과 지도 지침서 관련_ 문부성(1993년 9월), 〈초등학교 국어 지도 자료–새로운 학력관에 입각한 국어과 학습 지도 창조(小学校国語指導資料新しい学力観に立つ国語科の学習指導の創造)〉 / 문부성(1995년 10월), 〈초등학교 과학 지도 자료–새로운 학력관에 입각한 과학 수업 연구(小学校理科指導資料新しい学力観に立つ理科の授業の工夫)〉 / 문부성(1995년 10월), 〈초등학교 특별 활동 지도 자료–새로운 학력관에 입각한 특별 활동 수업 연구(小学校特別活動指導資料新しい学力観に立つ特別活動の授業の工夫)〉
- 액티브 러닝 관련_ 중앙교육심의회 초등·중등 교육 분과회 및 교육과정부회 교육과정기획특별부회(2015년 8월 26일), 〈교육과정기획특별부회–논점 정리(教育課程企画特別部会論点整理)〉
- 대학 입시 변화 관련_ 대학 입시 개혁 회의(2016년 3월 31일), 〈최종 보고(最終報告)〉
- 도쿄 대학 입시 문제 관련_ 도쿄 대학 홈페이지에 게재된 '2016년도 제2차 학력 시험 문제·지리 역사(平成28年度第2次学力試験試験問題·地理歴史)' 중 '세계사 제1문(世界史第1問)'
- 종합적 학습 시간 관련_ 문부과학성·국립교육정책연구소·교육과정연구센터(2011년 11월), 〈종합적 학습 시간 평가 방법 등의 연구 개선을 위한 참고 자료(초등학교)(総合的な学習の時間における評価方法等の工夫改善のための参考資料【小学校】)〉

▶ **본문에 인용한 도서 정보**
- 글짓기 교실_ 豊田正子, 山住正己 편, 『新編綴方教室』, 岩波文庫, 1995
- 자기경영노트_ Peter F. Drucker, *The Effective Executive*, Harper & Row, 1967 [《피터 드러커의 자기경영노트》, 이재규 옮김, 한국경제신문사, 2003]
- 프랭클린 자서전_ Benjamin Franklin, *The Autobiography of Benjamin Franklin*
- 논어와 주판_ 渋沢栄一, 『論語と算盤』, 国書刊行会, 1985 [《논어와 주판》, 노만수 옮김, 페이

퍼로드, 2009]

- 도락과 직업_ 夏目漱石, 「道楽と職業」, 『漱石全集』 第11巻, 岩波書店, 1966

- 학습하는 조직_ Peter M. Senge, *The Fifth Discipline*, Doubleday, 1990 [《학습하는 조직》, 강혜정 옮김, 에이지21, 2014]

- 지식 창조 기업_ 野中郁次郎・竹内弘高, 『知識創造企業』, 東洋経済新報社, 1996 [《지식 창조 기업》, 장은영 옮김, 세종서적, 2002]

- 방법서설_ René Descartes, *Discours de la méthode*, 1637

- 에디슨-21세기를 발명한 사나이_ Neil Baldwin, *Edison: Inventing the Century*, Hyperion, 1995

- 에밀_ Jean-Jacques Rousseau, *Émile ou de l'éducation*, 1762

- 민주주의_ 文部省, 『民主主義-文部省著作教科書』, 径書房, 1995

- 민주주의와 교육_ John Dewey, *Democracy and Education*, 1916

- 학교와 사회_ John Dewey, *The School and Society*, 1899

- 경험과 교육_ John Dewey, *Experience and Education*, 1938

- 요시다 쇼인과 쇼카손주쿠_ 海原徹, 『吉田松陰と松下村塾』, ミネルヴァ書房, 1990

- 군사학자 요시다 쇼인_ 森田吉彦, 『兵学者吉田松陰-戦略・情報・文明』, ウェッジ, 2011

- 요시다 쇼인_ 徳富蘇峰, 『吉田松陰』, 岩波文庫, 1981

- 낭만적 거짓과 소설적 진실_ René Girard, *Mensonge romantique et vérité romanesque*, Grasset, 1961 [《낭만적 거짓과 소설적 진실》, 송의경 옮김, 한길사, 2001]

- 쓰레즈레구사_ 西尾実他校注, 『新訂徒然草』, 岩波文庫, 1928 [《쓰레즈레구사》, 김충영 · 엄인경 옮김, 도서출판문, 2010]

- 학문의 권장_ 福沢諭吉, 『学問のすゝめ』, 岩波文庫, 1942 [《학문의 권장》, 남상영 옮김, 소화, 2003]

- 후쿠옹자전_ 福沢諭吉, 『新訂福翁自伝』, 岩波文庫, 1937 [《후쿠옹자전》, 임종원 옮김, 제이앤씨, 2006]

- 배-인간의 중심_ Karlfried G. Dürckheim, 『肚-人間の重心』, 麗澤大学出版会, 2003

- 아이디어 발전소_ James W. Young, *A Technique for Producing Ideas*, [《아이디어 발전소》, 신동운 옮김, 스타북스, 2014]

- 나그네_ 湯川秀樹, 『旅人-ある物理学者の回想』, 角川文庫, 2011

PISA 2015년 평가 점수 국가별 순위

순위	과학(science)	평균 점수	독해(reading)	평균 점수	수학(math)	평균 점수
1	싱가포르	556	싱가포르	535	싱가포르	564
2	일본	538	캐나다	527	홍콩	548
3	에스토니아	534	홍콩	527	마카오	544
4	대만	532	핀란드	526	대만	542
5	핀란드	531	아일랜드	521	일본	532
6	마카오	529	에스토니아	519	중국(4개 도시)	531
7	캐나다	528	한국	517	한국	524
8	베트남	525	일본	516	스위스	521
9	홍콩	523	노르웨이	513	에스토니아	520
10	중국(4개 도시)	518	마카오	509	캐나다	516
11	한국	516	뉴질랜드	509	네덜란드	512
12	뉴질랜드	513	독일	509	핀란드	511
13	슬로베니아	513	폴란드	506	덴마크	511
14	호주	510	슬로베니아	505	슬로베니아	510
15	영국	509	호주	503	벨기에	507
16	독일	509	네덜란드	503	독일	506
17	네덜란드	509	덴마크	500	아일랜드	504
18	스위스	506	스웨덴	500	폴란드	504
19	아일랜드	503	벨기에	499	노르웨이	502
20	벨기에	502	프랑스	499	오스트리아	497
21	덴마크	502	영국	498	베트남	495
22	폴란드	501	포르투갈	498	뉴질랜드	495
23	포르투갈	501	대만	497	호주	494
24	노르웨이	498	미국	497	스웨덴	494
25	미국	496	스페인	496	러시아	494
26	오스트리아	495	러시아	495	프랑스	493
27	프랑스	495	중국(4개 도시)	494	영국	492
28	스웨덴	493	스위스	492	포르투갈	492
29	체코	493	라트비아	488	체코	492
30	스페인	493	베트남	487	이탈리아	490
31	라트비아	490	체코	487	아이슬란드	488
32	러시아	487	크로아티아	487	스페인	486
33	룩셈부르크	483	오스트리아	485	룩셈부르크	486
34	이탈리아	481	이탈리아	485	라트비아	482
35	헝가리	477	아이슬란드	482	몰타	479
36	리투아니아	475	룩셈부르크	481	리투아니아	478
37	크로아티아	475	이스라엘	479	헝가리	477

38	아르헨티나	475	아르헨티나	475	슬로바키아	475
39	아이슬란드	473	리투아니아	472	미국	470
40	이스라엘	467	헝가리	470	이스라엘	470
41	몰타	465	그리스	467	크로아티아	464
42	슬로바키아	461	칠레	459	아르헨티나	456
43	그리스	455	슬로바키아	453	그리스	454
44	칠레	447	몰타	447	루마니아	444
45	불가리아	446	키프로스	443	불가리아	441
46	아랍에미리트연방	437	우루과이	437	키프로스	437
47	우루과이	435	아랍에미리트연방	434	아랍에미리트연방	427
48	루마니아	435	루마니아	434	칠레	423
49	키프로스	433	불가리아	432	몰도바	420
50	몰도바	428	터키	428	터키	420
51	알바니아	427	트리니다드 토바고	427	우루과이	418
52	터키	425	코스타리카	427	몬테네그로	418
53	트리니다드토바고	425	몬테네그로	427	트리니다드 토바고	417
54	태국	421	콜롬비아	425	태국	415
55	코스타리카	420	멕시코	423	알바니아	413
56	카타르	418	몰도바	416	멕시코	408
57	콜롬비아	416	태국	409	조지아	404
58	멕시코	416	요르단	408	카타르	402
59	몬테네그로	411	페루	407	코스타리카	400
60	조지아	411	알바니아	405	튀니지	396
61	요르단	409	카타르	402	콜롬비아	390
62	인도네시아	403	조지아	401	레바논	387
63	브라질	401	레바논	398	브라질	386
64	페루	397	브라질	397	요르단	380
65	레바논	386	튀니지	361	페루	377
66	튀니지	386	도미니카	358	마케도니아	371
67	마케도니아	384	마케도니아	352	튀니지	367
68	코소보	378	알제리	350	코소보	362
69	알제리	376	튀니지	347	알제리	360
70	도미니카	332	코소보	347	도미니카	328
	OECD 평균	493	OECD 평균	493	OECD 평균	490

국명	OECD 가맹국	평균점수	OECD 평균보다 통계적으로 유의하게 높은 국가 및 지역
국명	OECD 미가맹국	평균점수	OECD 평균과 통계적으로 유의차가 없는 국가 및 지역
		평균점수	OECD 평균보다 통계적으로 유의하게 낮은 국가 및 지역